Pedras de Luz

ORÁCULO DOS ORIXÁS

ADRIANA CHRISTO

Pedras de Luz

ORÁCULO DOS ORIXÁS

NOVA SENDA

PEDRAS DE LUZ: ORÁCULO DOS ORIXÁS

Editor: Décio Lopes
Revisão de Texto: Clair Cabral, Luciana Papale e Renan Papale
Leitura Crítica: Fabio Afonso
Representações Gráficas dos Orixás: Claudio Almeida
Fotos: Claudio Almeida
1ª impressão | Julho de 2020

DADOS INTERNACIONAIS DE CATALOGAÇÃO NA PUBLICAÇÃO

Christo, Adriana

Pedras de Luz - Oráculo dos Orixás/Adriana Christo – 1ª edição – São Paulo – Editora Nova Senda, 2020.

Bibliografia.
ISBN 978-85-66819-33-5

1. Oráculo 2. Arte divinatória 3. Umbanda I. Título

EDITORA NOVA SENDA
Rua Jaboticabal, 698 – Vila Bertioga – São Paulo/SP
CEP 03188-001 | Tel. 11 2609-5787
contato@novasenda.com.br | www.novasenda.com.br

Dedicatória

Dedico este trabalho à minha Mestre, desta e de outras vidas, Pérola do Céu, que se faz presente nos momentos em que peço que minha intuição seja pura e imparcial.

Homenagens

Cleuza Cabral, minha tia, pelos gestos de carinho, atenção, simplicidade e benevolência que tanto inspiram a minha vida.

Meus pais, Cleide Christo e Alexandre Christo (*in memoriam*), pela preocupação, ensinamentos, apoio, força e amor a mim dedicados.

Thiago Christo e Rachel Christo, meus filhos, pelo entendimento sobre o amor incondicional – que vem com a maternidade, vocês são o sustento da minha caminhada.

Agradecimentos

Gratidão ao meu marido, Claudio Almeida, amor da minha vida, que me encorajou e me apoiou desde as primeiras palavras colocadas no papel.

À minha tia e incentivadora, Clair Cabral, pelo prefácio e pela revisão de texto.

À querida amiga e irmã de alma, Rosana Beja, por ter me ouvido desde as primeiras versões e por seus comentários tão carinhosos.

Ao amigo, ator, espiritualista, Nilson Nunes, que foi de uma generosidade incrível ao dividir seus conhecimentos comigo.

À minha madrinha, Cléa Cabral, pelo amparo espiritual que recebi durante a execução deste trabalho.

Ao amigo, Fabio Afonso, pela leitura crítica e por suas sábias considerações.

Ao Mestre de Reiki e amigo, Johnny De' Carli, que acreditou no meu trabalho, abrindo portas para a concretização deste sonho e por ter me presenteado com um belíssimo posfácio.

Às entidades da T.E.C.O. – Tenda Espiritualista Caminho de Oxaguiã, em especial ao Pai Chico Mineiro, que com suas conversas estimulou o meu autoconhecimento, através da alma e do espírito, possibilitando minha transformação.

A todos os que torceram pela publicação de *Pedras de Luz – Oráculo dos Orixás*, minha Gratidão!

Quem tiver a fé do tamanho
de um grão de mostarda,
removerá montanhas.

Jesus Cristo

Sumário

Prefácio

A mente que se abre a uma nova ideia
jamais volta ao seu tamanho original.

Albert Einstein

Nasci numa família tradicionalmente católica. O curioso é que, desde muito jovem, venho sendo surpreendida por acontecimentos espirituais sagrados, numa abordagem diferente daquela que o catolicismo me proporcionara. Aos poucos, fui percebendo que há várias maneiras de nos relacionarmos com a espiritualidade. Porém, para tudo existe um ponto de partida. Neste caso, o "ponto" tem um nome: Araci Cabral (tia Ceci), pioneira da família a abraçar a causa da Umbanda.

Com tia Ceci, iniciamos nova caminhada espiritual, para uma estreita proximidade com os Orixás, Caboclos e Pretos Velhos. E, desde então, os acontecimentos se sucederam rapidamente. Falar deles sempre me emociona muito.

Dinâmica e empreendedora, Araci Cabral recebeu a incumbência de erguer, em Jacarepaguá - RJ, a Tenda Espírita Mirim – 7ª Filial. Inicialmente, as atividades da Tenda eram realizadas num velho casarão alugado, às margens de um riacho, no Tanque, em Jacarepaguá.

Sem recursos financeiros, tia Ceci contou com a ajuda de familiares, amigos e "filhos de fé". Ela e as amigas fizeram muitos pastéis, cocadas, bolos, tudo com uma única finalidade: angariar fundos para a construção de um novo prédio.

Uma vez inaugurada, a Tenda, então mais espaçosa e com maior quantidade de médiuns, pode acolher grande número de pessoas nas sessões de caridade e ainda realizar um belíssimo trabalho de assistência social. Uma casa cercada de admiração e de muito respeito, sob a direção de Araci Cabral – Presidente Material e Dirigente Espiritual da Tenda.

Presenciei vários trabalhos do Caboclo Urucutum e do Preto Velho Pai Antero, guias espirituais de Tia Ceci. Vi acontecerem coisas que se assemelhavam a verdadeiros milagres. E, assim, veio-me a certeza de que o lidar com a espiritualidade de uma maneira digna e honesta, sem visar a vantagens financeiras, sempre traz resultados positivos.

Os irmãos de Araci, Leônidas Cabral (tio Leônidas) e Altamiro Cabral (tio Altamiro) cerraram fileiras com ela, seguindo seus ensinamentos e conselhos, que logo eram colocados em prática, respeitadas as leis da Umbanda.

Passado algum tempo, tio Leônidas, médium graduado, seguindo orientação dos seus mentores, deixou a Organização para abrir o próprio Terreiro em São Gonçalo, onde realizou, igualmente, um trabalho beneficente de muito amor.

Anos depois, eis que tio Altamiro, médium já graduado, a exemplo do irmão e com o respaldo dos seus mentores, saiu da Tenda para abrir o próprio terreiro, em Curicica, Jacarepaguá. E também ali as pessoas que chegavam em busca de atendimento eram tratadas com amor e competência.

A essa altura, tia Ceci, já com a saúde precária, fez a passagem. Sua irmã, Marina Cabral Carneiro (tia Marina), que já desempenhava a função de médium substituta, assumiu o comando dando continuidade, com firmeza e doçura, ao abnegado trabalho que vinha sendo realizado.

Em abril de 1998, o Jornal Umbanda Hoje escreveu, em homenagem póstuma:

> A tarefa desenvolvida por Araci dentro da Organização Mirim foi das mais relevantes, o que fez com que ela se tornasse uma das figuras mais respeitadas da nossa religião.

As homenagens foram muitas. Sinceras, comoventes e simples. Ainda houve um movimento para que a memória de Araci fosse perpetuada no lugar onde ela atuou. Por isso, uma estação do BRT (*Bus Rapid Transit* – ônibus de trânsito rápido) e uma praça, em Jacarepaguá, receberam o seu nome.

Meus tios prosseguiram com sua missão, em seus respectivos terreiros. Quando convidados para festividades em tendas espíritas amigas, Leônidas, Altamiro e Marina se reuniam. Pelo acontecimento inusitado, as pessoas faziam questão de fotografá-los juntos. Eles eram os três irmãos Comandantes de Terreiro.

Esses seres de luz encontram-se agora em outra dimensão. No limiar deste século, o 21, já não restava nenhuma ligação da nossa família com a 7ª Filial, onde participamos de tantas e inesquecíveis manifestações da espiritualidade.

Adriana, autora de *Pedras de Luz – Oráculo dos Orixás*, cresceu ouvindo histórias sobre a atuação da Tia Ceci e dos irmãos, seus tios-avós, na Umbanda, e das sementes de amor, dedicação e caridade por todos eles plantadas.

Estudiosa, espiritualizada, pesquisadora, Adriana está sempre interessada por tudo o que representa a evolução do nível de consciência. Ao participar de cursos, estuda com afinco, numa constante procura que a oriente a lidar com sua própria energia, a fim de utilizá-la em benefício do próximo.

De repente, chega até ela o Reiki, uma energia pura, poderosa e ilimitada. Esse autêntico presente do Universo lhe abriu as portas para importantes revelações espirituais, incentivando sua permanência nesse caminho de busca. Foi a exemplo de Adriana Christo que me tornei Mestre de Reiki, sintonizada pelo competente, renomado e querido Reiki Master Johnny De' Carli.

Sob o olhar bondoso e de aprovação dos Pretos Velhos e dos Caboclos e com as bênçãos dos Orixás, a Umbanda encontra Adriana.

Pedras de Luz – Oráculo dos Orixás nasceu a partir de uma grande conexão de Adriana com a espiritualidade. Um chamado de luz. Uma herança abençoada, com raízes fincadas na Umbanda.

Estudos minuciosos, além de pesquisas incansáveis, trouxeram-lhe mais e mais conhecimentos espirituais. A cada nova informação, a cada insight, mais entusiasmo; a cada contato com as Pedras de Luz, mais descobertas. A espiritualidade dava-lhe indiscutível certeza: o caminho estava aberto.

A autora fala dos Orixás de maneira simples e segura, tratando do assunto com o respeito e a reverência que este merece.

É interessante observar que Adriana se assemelha à tia-avó no que diz respeito ao dinamismo, à criatividade e à fé. Tal qual tia Ceci, a autora usa os recursos de que dispõe para harmonizar e confortar parentes, amigos e todos aqueles que, porventura, recorram a ela; sempre com o incondicional apoio de Seres de Luz!

As sementes de amor e de caridade, espalhadas pela família, multiplicaram-se, o plantio não cessa. Agora, nas mãos de Adriana, parte delas se transforma em Pedras de Luz. Um modo especial e inovador de sentir e ouvir os Orixás.

Vejo nesta obra o símbolo de uma grande conquista de Adriana, que, generosamente, compartilha conosco seu saber. Para nós, mais um recurso na elevação das nossas vibrações mentais, por intermédio dos sábios conselhos do Oráculo.

Leitor amigo, agora você já faz parte deste processo, que resulta no encontro com *Pedras de Luz – Oráculo dos Orixás*. Bem-vindo! Passeie por este fascinante universo.

Minha mais profunda gratidão à querida sobrinha Adriana Christo, pela alegria de eu poder acompanhar, passo a passo, a construção desta obra, e pelo honroso convite para prefaciá-la!

Clair Cabral Barbosa

Introdução à Espiritualidade

Desenvolver força, coragem
e paz interior demanda tempo.
Não espere resultados rápidos e imediatos,
sob o pretexto de que decidiu mudar.
Cada ação que você executa permite que essa
decisão se torne efetiva dentro de seu coração.

Dalai Lama

O PRETO VELHO Pai Antero ensinava que "em matéria de fé, todo cuidado é pouco", e o Caboclo Urucutum afirmava que a Umbanda é "ver, ouvir e calar". Ambos os guias pelo aparelho de minha tia-avó, Araci Cabral.

Eu adorava escutar aquelas histórias!

Seu Urucutum – guia de tia Ceci – recebeu uma curimba de um "filho de fé" que dizia assim:

A sua flecha, quem lhe deu foi Oxóssi,
A sua lança, quem lhe deu foi Ogum,
E a estrela que brilha no seu capacete,
Veio do manto da mamãe Oxum.
Salve Pai Ogum, Salve Pai Ogum
Quem vai chegar de Aruanda
É o Caboclo Urucutum.

E ele responde:

Eu sou Caboclo na fé de Ogum
E na macaia eu sou Caçuté
A minha estrela quem me deu foi Oxum!
Oxum! Oxum! Oxumaré!

Meus primeiros contatos com os Orixás se deram quando eu ouvia meus familiares conversarem sobre assuntos que permeavam o Terreiro que frequentavam.

Hoje, ao recordar essa história de vida de meus tios-avós, com esse magistral e assertivo prefácio escrito por Clair Cabral, emociono-me ao ter a certeza – com base em minha família – de uma Umbanda honesta, que chama para si a responsabilidade; uma enorme tarefa de doação ao próximo.

Esta história não estaria completa sem as justas referências aos notáveis médiuns: Araci, Leônidas, Altamiro e Marina.

Capítulo I

A Caminhada

Ninguém pode voltar atrás e fazer
um novo começo, mas é possível
começar de novo e fazer um novo fim.

Chico Xavier

MINHA INFÂNCIA, adolescência e juventude foram iguais a de muitas crianças: com estudo e brincadeiras. Apesar de ser simpatizante da Umbanda, segui pelo catolicismo até a crisma, onde casei e batizei meus filhos.

Alguns anos depois, encontrei uma pessoa que me apresentou o Reiki. Uma prática que se baseia na existência da energia vital universal, manipulável pela imposição de mãos. Uma terapia holística que traz a cura em benefício próprio, bem como o de qualquer pessoa ou ser vivo.

O Reiki abriu portas para que eu iniciasse um processo de aprendizado e de entendimento sobre a energia que nos cerca. Nesta caminhada, tornei-me Terapeuta e Mestre de Reiki.

Johnny De' Carli, meu Mestre, autor de uma vasta bibliografia sobre o Reiki, escreve em seus livros uma excelente definição para o método:

> Reiki é um sistema natural de harmonização e de reposição energética que mantém ou recupera a saúde. É um sistema próprio para despertar o poder que habita dentro de nós, captando, modificando e potencializando energia...

Tempos depois, senti uma grande transformação espiritual na minha vida. A Umbanda se tornou mais presente e passei a captar melhor as mensagens e a entender quando meu pensamento era meu e quando era colocado para mim, através da espiritualidade. Eu assumo e reconheço a minha capacidade de amar e de servir, de compreender e de perdoar, de aprender e de ensinar. Descobri o prazer de ajudar o próximo e de fazer o bem sem olhar a quem.

Surge então *Pedras de Luz* – Oráculo dos Orixás!

Era Carnaval, período em que costumo estar com meus familiares numa casa de praia. Sem a badalação prevista para esses dias de folia, dedico-me aos estudos e à leitura.

Certa manhã, em meio a um livro e outro, veio-me à mente um jogo de pedras coloridas, um oráculo. Ali mesmo comecei a rabiscar algumas frases e a descrever aquela imagem. Durante o restante do dia permaneci pensando, incansavelmente, como aquelas pedras poderiam trabalhar junto aos baralhos e tarôs, dos quais eu já dispunha para as aberturas de mesas.

A espiritualidade, que estava ali aguardando a oportunidade certa, entrou em cena. Pérola do Céu, minha Mestre desta e de outras vidas, mostrou-me o caminho para todos os capítulos desta história, inclusive a forma e a interpretação do jogo. O esqueleto do livro ficou pronto em poucos dias. Era a hora de me aventurar nas pesquisas bibliográficas para que aqueles rabiscos se tornassem agradáveis à leitura. E os meses seguintes foram bem intensos e de muito estudo.

Capítulo II

Pedras de Luz – Oráculo dos Orixás

A nossa felicidade será naturalmente proporcional em relação à felicidade que fizermos para os outros.

Allan Kardec

Um diálogo com os Orixás. A conexão com o plano superior. Ao interpretar *Pedras de Luz - Oráculo dos Orixás* você estará utilizando um processo de intuição e de canalização das energias dos Orixás - seres Divinos que agem pela força da natureza.

A afinidade do oraculista com um Ser de Luz propicia a intuição no jogo e é de enorme importância para que sejam captadas as informações corretas a respeito das questões que aparecerão em cada lançamento. Construa um relacionamento de amizade com Ele. Entenda como a comunicação será estabelecida. A partir deste momento, você e os seus Guias estarão conectados energeticamente.

Centramento é fundamental; esteja de coração aberto para ampliar sua consciência.

Lidar com as Pedras de Luz é algo muito sério, pois sua leitura mostra o caminho para momentos da vida do consulente, principalmente os de aflição e de dúvidas. A adivinhação é um pedido por orientação e por conselhos. É preciso gentileza ao tratar as questões que se apresentarão.

O Oráculo dá um resultado temporário de uma situação na qual são apresentadas possibilidades futuras. As melhores interpretações serão aquelas em que razão e intuição caminharão lado a lado. O oráculo tem a capacidade de captar, através de nossa energia, pedacinhos que, juntos, montam uma história.

Para fazer a leitura é importante conhecer o significado de cada pedra, ou seja, as características de cada Orixá. A partir do momento em que a espiritualidade entende o tamanho do seu conhecimento e a sua forma de jogar, as respostas virão de maneira clara e objetiva. Será uma questão de tempo e de dedicação.

Em seu livro *Introdução às Artes Divinatórias*, Scott Cunningham diz: "... a adivinhação pode ser uma forte aliada ao reformularmos nossas vidas e ao colocarmos em linha com nossas esperanças e desejos".

Mesmo tendo uma relação estreita com os Orixás, este oráculo não vai atuar da mesma maneira que um Jogo de Búzios, o qual possui a sua importância tradicional, fundamental e indispensável na tomada de decisões e de ações pertinentes às Casas de Santo e às de seus filhos. Na nossa cultura, apenas as pessoas graduadas e experientes, iniciadas no Candomblé ou na Umbanda, estão habilitadas para fazer a leitura e a interpretação correta das caídas dos búzios.

O processo de leitura do Oráculo dos Orixás se dá no lançamento de 16 pedras, energeticamente preparadas, sobre a tábua de jogo ou tabuleiro (suporte em círculo). Da posição em que elas caem, nascem as indicações necessárias para as respostas solicitadas. Cabe então, ao oraculista, interpretar as caídas e passar as mensagens do jogo, por meio de respostas positivas ou não, para que o consulente faça escolhas, encontrando maneiras de mudar situações que o levem a um futuro promissor alinhado às suas esperanças e aos seus desejos.

É claro que com este precioso recurso divinatório em mãos você tem a possibilidade de fazer o seu jogo pessoal, mesmo tendo dificuldade na interpretação. Quando lemos para nós mesmos, nossa vontade se torna muito presente nas questões de nossa vida. O risco de distorcer o significado de cada pedra é grande. Mas, de fato, não deixa de ser um exercício.

O autoconhecimento, a elevação da consciência, a paz espiritual e o equilíbrio estão inseridos neste contexto, e vão ampliar a nossa relação com as Pedras de Luz, fazendo com que encontremos o fio para uma leitura correta. Um dos maiores valores dos jogos divinatórios é justamente o de poder ser o seu próprio oraculista, o seu próprio adivinho.

Vivenciar e estudar cada pedra serão as suas primeiras tarefas. Quando temos um jogo divinatório à disposição é natural que fiquemos ansiosos para fazer a leitura para as pessoas. Porém é muito desagradável, para o consulente que procura a ajuda, surpreender-se ao encontrar o oraculista com o livro nas mãos, pesquisando o significado para aquela interpretação. Recomendo que você apenas abra a mesa para alguém quando tiver habilidade e conhecimento necessários para fazer uma boa leitura.

Oraculista x Consulente

O ORACULISTA não adivinha pensamentos. Sempre, em qualquer mesa de oráculo, será necessária comunicação de ambas as partes.

Oraculistas são canais, instrumentos que a espiritualidade utiliza para ajudar pessoas a libertarem os maus pensamentos, transmutando energias negativas, para que possam tomar decisões mais confortáveis para suas vidas.

No passado, Deuses eram consultados para questões cotidianas. Hoje, as pessoas podem contar com os jogos divinatórios, que são cada vez mais utilizados no processo de autoconhecimento, canalizando as nossas forças interiores.

Sem dúvida alguma, o Oráculo é uma maneira de intercâmbio entre os planos material e espiritual. Funciona como um auxílio para que os oraculistas decodifiquem as orientações enviadas pelos Orixás, que emitem vibrações criando um canal de transmissão de conselhos.

A Cristalomancia é o uso dos cristais, de pedras preciosas ou semipreciosas e de bolas de cristais na utilização de jogos divinatórios. Em conjunto, os cristais e este oráculo, formam uma ferramenta profunda e poderosa de orientação, um canal por onde os Orixás transmitem conselhos ao usar sinais enviados através das pedras. Respeite o conceito, a metodologia, as técnicas, as características e as respostas recebidas. Um bom oraculista é aquele que tem compromisso com a verdade e faz a interpretação desses sinais, com atenção e profundidade espiritual é aquele que constrói seu repertório pessoal e ainda auxilia o consulente no seu processo evolutivo. Consulente é aquele que consulta. É a pessoa que procura esclarecimentos para momentos da vida em áreas de interesse, como saúde, trabalho, família, relacionamentos, etc. São pessoas, em sua maioria, ansiosas por conhecer os fatos antecipadamente.

O consulente não precisa ter conhecimento sobre oráculos, pedras, símbolos ou Orixás. Mas é essencial ter objetividade e coerência na hora de formular as questões.

Perguntas claras geram respostas claras. E, principalmente, é indispensável ter o coração e a mente abertos para receber respostas que, muitas vezes, não serão das mais atraentes, mas que, com certeza, serão necessárias para o momento.

Quando o consulente pede esclarecimentos a um oráculo, ele deve assumir a responsabilidade de internalizar as informações e agir conforme o seu destino, esperando de uma consulta apenas as orientações necessárias para as situações colocadas em questão.

É importante ressaltar que, uma previsão realizada por um oráculo pode indicar um acontecimento negativo pelo qual o seu consulente não gostaria de passar. Nesses casos, caberá a ele, o próprio consulente, usar de habilidade para mudar a sua rota de vida, fazendo com que os obstáculos sejam transformados em êxito.

Benefícios do Oráculo

Confira a seguir alguns dos benefícios que mais se destacam em uma consulta da maneira que estou propondo com este livro.

Para o oraculista:

- Elevação da consciência e do sentimento de amor incondicional.
- Aumento da intuição.
- Autoconhecimento.
- Paz espiritual e equilíbrio.

Para o consulente:

- Redução do estresse e da ansiedade.
- Equilíbrio emocional.
- Bem-estar.
- Autocontrole.
- Autoestima.
- Melhora dos pensamentos.
- Diminuição da impulsividade.
- Organização e compreensão de ideias.
- Minimização de medos e inseguranças.
- Segurança para tomada de decisões.

Capítulo III

Orixás

Iansã leva da vida e traz de novo à vida;
Oxum gera; Obá prepara para a luta;
Iemanjá cuida; Nanã amadurece;
Ewá ganha o mundo.
Ogum abre os caminhos;
Oxóssi escolhe que caminho seguir;
Xangô administra os fatos do caminho;
Logun-Edé alegra o caminho,
torna leve a jornada;
Obaluaiê cuida para que se
continue no caminho ou saia dele;
Ossaim traz o equilíbrio
necessário para o caminhar;
Oxumarê mostra que aquela caminhada
é apenas uma possibilidade que se atualiza;
Oxalá abençoa qualquer caminho, pois basta
que Ogum abra novamente os caminhos
e que Oxóssi decida por um outro qualquer...

Trecho do Livro A Poética dos Deuses, de Ana Zaneli.

Os Orixás são espíritos de altíssima vibração. Talvez tenham sido os primeiros seres a habitar a Terra. Esses espíritos foram divididos em dois grupos: os que criaram o Universo e os que tinham a função de povoar o Planeta.

Após sua passagem pela Terra, eles vão para o Orum (Céu ou Mundo Espiritual), e de lá têm a missão de ajudar as pessoas em busca da evolução.

A vasta bibliografia editada a respeito dos Orixás (mitologia, características, arquétipos) carrega muitas versões, de acordo com o local e a época histórica. Muitas aventuras e ensinamentos são encontrados em suas histórias ou lendas, narradas com o objetivo de explicar os acontecimentos misteriosos. Para aproximar os Deuses dos humanos, histórias eram criadas atribuindo a Eles virtudes, defeitos e fraquezas, trazendo-os mais próximo da realidade humana. Com isso, as pessoas podiam entender melhor os atributos de cada Orixá.

No Brasil, o conhecimento sobre essas divindades se inicia na época da escravidão. Cada Orixá foi associado a um Santo Católico – resultado do sincretismo estabelecido com a imposição do Catolicismo aos negros que, desse modo, puderam manter os orixás vivos e garantir o direito ao seu culto. No livro *Mitologia dos Orixás*, Reginaldo Prandi esclarece:

Essa relação com um ou outro santo depende da região do país, variando de acordo com a popularidade do santo local.

Esses seres divinos trazem em suas formações características da natureza: são "Deuses da Natureza". Cada um deles possui peculiaridades semelhantes aos homens ou às mulheres. Representam as forças elementares provenientes dos elementos Água, Terra, Fogo e Ar. Quanto maior for a nossa relação com a natureza, maior será a nossa ligação com os Orixás.

Na etimologia africana, *Ori* significa "cabeça", e *Ixá*, "guardião". Orixás, portanto, são Deuses africanos que trabalham a energia da nossa cabeça.

Os chamados Orixás de Cabeça regem o equilíbrio físico, mental e espiritual de um indivíduo. São dois: um preside o nascimento da pessoa e o outro complementa a Coroa. Um terceiro Orixá pode existir e atuar num determinado momento da vida de cada indivíduo. Eles vêm com a missão de nos proteger, guiar e orientar.

Orixás possuem uma simbologia composta de ambientes, cantigas, comidas, cores, oferendas, rezas e até determinados horários relativos a eles.

Alguns estudiosos afirmam que existem mais de 400 Orixás. Porém, dezesseis deles, que são os mais conhecidos, serão utilizados neste livro de forma oracular.

Veja a seguir a representatividade de cada um:

- Exu: poderoso mensageiro.
- Ogum: representante das batalhas da vida.
- Oxóssi: divindade da abundância.
- Xangô: Deus da justiça.
- Iansã: senhora das transformações.
- Oxum: Orixá do amor próprio e verdadeiro.
- Obá: sábia e justa feiticeira.
- Logun Edé: o mais belo e encantador.
- Iemanjá: protetora da família.
- Nanã: a mais sábia e respeitada.
- Obaluaiê: senhor da doença e da cura.
- Ossaim: protetor das ervas sagradas.
- Oxumarê: Orixá da continuidade.
- Ewá: senhora da magia e da vidência.
- Oxalá: Pai de todos.
- Ibeji: símbolo do nascimento.

Vamos agora conhecer mais detalhadamente cada um desses 16 Orixás e entender como eles podem atuar em nossas vidas, contribuindo de forma oracular no auxílio diário.

Exu – O Mediador entre os homens e os Deuses

Mensageiro dos Orixás, ajude-nos a trilhar
um caminho íntegro e próspero.
Guarde as estradas de nossa vida!

Laroyê, Exu!

Exu é o Orixá da comunicação, da paciência, da ordem e da disciplina. Ele é o intermediário nos acontecimentos, faz guerra para trazer paz e atende, com cuidado e prudência, aos nossos pedidos.

Como Guardião das Almas, das cidades, casas e estradas, dos templos, das demandas e do comportamento humano, Exu é um mensageiro que fornece equilíbrio na comunicação entre as divindades; o porta-voz, o mensageiro divino dos oráculos.

Exu não tem filhos. Ele é capaz de transformar as situações, mostrando o oculto, com os elementos que tem à disposição.

História: as lendas de Exu foram contaminadas por versões de um Orixá vingativo, que não merecia a confiança dos humanos. Mas esse estereótipo é contrário à verdadeira característica deste Orixá, pois Exu deu sustentação à criação do mundo. Foi ele o responsável pela construção das ações que possibilitaram a evolução dos seres.

Exu desempenhou o papel de Mensageiro de Deus, ele recebeu ordem de vir à Terra para saber se havia possibilidade de ela ser habitada por seres humanos e pelos Orixás, sendo, portanto, o primeiro Orixá a chegar a este

Planeta e nele permanecer, porque se recusou a voltar ao Céu, o que o tornou o primeiro Orixá a ser reverenciado nos cultos.

Palavra-chave: concretização.

Saudação: *Laroyê, Exu! – Olhe por mim, Exu!*

Campos de força: estradas e encruzilhadas.

Domínios: comunicação e disciplina.

Cores: preto e vermelho.

Dia da semana: segunda-feira.

Símbolos: tridente (garfo ou forcado – arma branca de três pontas) e ogó (pequena clava de madeira).

Elemento: Terra.

Características: astuto, leal, vaidoso, ambicioso e destemido.

Sincretismo: Santo Antônio.

Data de devoção: 13 de junho.

Rege: a espiritualidade e algum aspecto da energia que ainda está no corpo físico.

Profissões: atividades ligadas à palavra escrita e falada, tal como todo tipo de comunicação, palestras, seminários, jornalismo, informação, literatura, editoração, publicidade, marketing, multimídias, rádio, televisão, locução, relações públicas, etc.

Pontos para Leitura

- Comunicação.
- Rapidez para resolução de problemas.
- Alcance dos objetivos.
- Conquista de bens materiais.
- Projetos a caminho (que se concretizam).
- Boas notícias e coragem.
- Transformação da energia espiritual.
- No jogo, é o homem da questão.
- O homem em ação, em busca da sabedoria.

Ogum – O Guerreiro Protetor

Senhor dos Caminhos, pedimos proteção nas lutas que temos que enfrentar no dia a dia. Abre nossos caminhos!

Ogunhê, Meu pai Ogum!

Poderoso dono do ferro, do fogo e da tecnologia, Ogum representa todas as batalhas da vida, da força física e espiritual. É de sua responsabilidade a manutenção da lei e da ordem. Ele é o Senhor das estradas, aquele que abre os caminhos e vence as batalhas. Seguro e consciente do poder que representa, Ogum protege seus domínios.

Seus filhos são pessoas práticas, com um apurado senso de honra e incapazes de perdoar uma ofensa. Nasceram para serem líderes, pois têm uma invejável capacidade de tomar decisões. São autoconfiantes e corajosos.

História: um dia Ogum chegou numa aldeia onde ninguém falava com ele. Por isso, pensou que todos os habitantes o desprezavam. Furioso, destruiu toda a aldeia. Após o feito, descobriu que os moradores faziam voto de silêncio naquele período em homenagem a sua chegada. Ogum se arrependeu amargamente por haver empregado as suas forças de modo indevido, numa terrível ação. Desde então, o Deus da guerra jurou ser mais cauteloso e proteger os mais fracos.

Ogum pode destruir reinos, porém é capaz de salvar muitas vidas.

Palavra-chave: poder.

Saudação: *Ogunhê! – Salve o Senhor da Guerra!*

Campos de força: caminho e estradas de ferro.

Domínios: tecnologia e invenções.

Cores: vermelho, prateado, azul-escuro, verde e branco.

Dia da semana: terça-feira.

Símbolos: espadas, lanças e peças de ferro.

Elemento: Fogo.

Características: impulsivo, guerreiro, um líder, intolerante e habilidoso.

Sincretismo: São Jorge.

Data de devoção: 23 de abril.

Rege: articulações e ossos (reumatismo, acidentes com traumas, problemas ortopédicos).

Profissões: atividades ligadas a desafios diários, de raciocínio rápido e sem monotonia, tal como a medicina (cirurgia – o bisturi pertence a Ogum); atividades de comando, como a polícia, por exemplo; gestão estratégica, defesa, máquinas, mecânica, metalurgia, soldagem, indústria e lutas em geral.

Pontos para Leitura

- Livre-arbítrio e decisão.
- Destino e direções a serem tomados na vida.
- Caminhos abertos e outros a serem trilhados.
- Caminhos que oferecem possibilidades.
- Sucesso, coragem.
- Solução de problemas.
- Vitória em qualquer batalha.
- Crença na felicidade.
- Pensar melhor antes de se expressar.

Oxóssi – Deus da Caça (O Caçador)

Senhor Protetor das Matas, dá-nos coragem e segurança para conquistarmos nossos desejos.

Oke Arô, Oxossi!

Orixá da caça e da fartura, Oxóssi é o Senhor das matas, da verdade e do conhecimento. Divindade da plenitude, da abundância e da riqueza.

Guerreiro e lutador, ele encoraja e dá segurança a todos os seus fiéis. Força e bom senso são seus aliados. Oxóssi defende aqueles que se colocam sob sua guarda. É caçador e doutrinador das almas perdidas.

Seus filhos são muito exigentes. Mostram atitudes firmes e até um pouco duras. Costumam falar tudo o que pensam. São sensíveis, possuem intuição aguçada e precisam de autonomia.

História: Oxóssi é filho de Oxalá com Iemanjá. Considerado o Rei de Ketu, por ter quebrado um feitiço lançado sobre determinada população, eliminando o pássaro destruidor com sua flecha.

Diz a lenda, que Oxóssi não precisa de mais que uma flecha para atingir seu alvo. Por isso, ele é o guerreiro de uma única flecha; nunca erra o ponto.

Palavra-chave: mudança.

Saudação: *Oke Arô, Oxossi! – Dê seu brado, Majestade!*

Campos de força: florestas.

Domínios: plenitude, riqueza.

Cores: verde, azul escuro e branco.

Dia da semana: quinta-feira.

Símbolo: ofá (arco e flecha).

Elemento: Terra.

Características: inteligente, astuto, esperto, responsável, fiel, revolucionário, criativo, carismáticos e intuitivo.

Sincretismo: São Sebastião.

Data de devoção: 20 de janeiro.

Rege: as pernas, os pés, o aparelho digestivo e tudo que envolve a mastigação, como a boca, a língua, os dentes, etc.

Profissões: questões relacionadas a casa, moradias e propriedades. Ramo da alimentação, da nutrição e da culinária e trabalhos ligados à história, à antropologia, ao agronegócio e à veterinária.

Pontos para Leitura

- Cultivo de verdadeiros desejos e sonhos.
- Sucesso, sorte e progresso.
- Renascimento, surgimento de novas oportunidades.
- Crescimento e realizações.
- Estabilidade, fartura e abundância.
- Mudança de interesses.
- Atração pelo novo.
- Transmutação do negativo para o positivo.
- Disposição e conhecimento para conquistar o que deseja.

Xangô – O Rei (Aquele que possui o poder)

Senhor da Justiça, concede-nos discernimento, para que sejamos justos com nossos semelhantes.

Caó Cabecile, Xangô!

Deus do trovão e da justiça. Orixá dos reis, dos justos e dos poderosos; temido e respeitado, Xangô castiga os mentirosos e os malfeitores. É um justiceiro, premia aqueles que fazem por onde merecer, simboliza a lei da causa e efeito e dá solução às pendências, podendo tanto proteger quanto punir quando necessário.

Seus filhos são pessoas fisicamente fortes, atrevidas e prepotentes. Não suportam desaforos e injustiças. Possuem imensa fé, são determinados e lutam por aquilo em que acreditam.

História: do alto de uma pedreira, Xangô refletia sobre a batalha quase perdida, que tinha eliminado muitos de seus soldados. Ele pensava como derrotar seus inimigos e observava a dor dos seus fiéis guerreiros. Num surto de raiva, bateu o martelo em uma pedra que estava próxima, o que provocou faíscas tão fortes que parecia estar acontecendo uma catástrofe. Quanto mais forte ele batia, mais faíscas havia para ele atingir seus oponentes. Xangô venceu a batalha.

Após prender todos os inimigos sobreviventes, os ministros de Xangô pediram justiça e solicitaram a ele que destruísse todos os opositores. Xangô respondeu que de forma alguma faria isso, pois o ódio não poderia ultrapassar os limites da justiça.

Palavra-chave: justiça.

Saudação: *Caó Cabecile, Xangô! – Permita-me vê-lo, Majestade!*

Campos de força: raio, trovão e pedreiras.

Domínios: demandas judiciais, estudos e contratos.

Cores: vermelho e branco e marrom-claro.

Dia da semana: quarta-feira.

Símbolos: oxé (machado duplo), relâmpago e balança.

Elemento: Fogo.

Características: rígido, seguro, atrevido e prepotente.

Sincretismos: São Jerônimo e São Pedro.

Datas de devoção: 30 de setembro e 29 de junho.

Rege: o coração, a pressão (variações da pressão), o colesterol e a obesidade.

Profissões: atividades ligadas ao trabalho em grupo. São líderes natos e ótimos oradores. A chefia, o comando e a direção são suas características. Funções como a magistratura, cargos do governo, contabilidade, administração e tudo relacionado ao dinheiro, à justiça e à economia fazem parte de sua proteção.

Pontos para Leitura

- Alcance dos objetivos.
- Perseverança.
- Equilíbrio e igualdade de condições.
- Planejamento.
- Visão de futuro.
- Escalada para conquistar.
- Sucesso em pendências judiciais.
- Poder de administrar com justiça e retidão.
- Justiça e imparcialidade de julgamentos.

Iansã – A Tempestade

Senhora dos Ventos, protege-nos dos raios
e das tempestades de nossa vida.

Eparrei, Iansã!

Senhora dos ventos e das tempestades, Iansã é responsável pelas transformações.

A força de sua magia afasta todas as influências maléficas e negativas. De temperamento forte, ela enfrenta os eguns.

Seus filhos são apaixonados pela vida. São pessoas extrovertidas, francas, ambiciosas e de temperamento forte. Guerreiros e comunicativos, encaram qualquer desafio. Gostam de ensinar e de aprender. Livres e independentes, não dão importância à opinião dos outros.

História: Xangô, marido de Iansã, pediu que ela buscasse na terra dos Baribas (grupo étnico no Benin-Nigéria), um preparado que daria a ele o poder de cuspir fogo. A ousada Iansã, ao invés de obedecer ao marido, bebeu a tal porção mágica, adquirindo então o poder para si. Iansã percorreu muitos reinos e viveu com Oxaguiã, Exu, Oxóssi, Obaluaiê e o próprio Logun-Edé (que ela criou como filho). Com o objetivo de conhecer absolutamente tudo, ela aprendeu o manuseio da espada com Ogum; a utilizar o escudo para protegê-la de ataques com Oxaguiã; Exu ensinou-lhe os mistérios da magia; Oxóssi a caçar e a se transformar no próprio animal com o auxílio da magia e, com Logun-Edé, ela aprendeu a pescar.

Palavra-chave: transformação.

Saudação: *Eparrei, Iansã! – Salve o raio, Iansã!*

Campos de força: ventos e tempestades.

Domínios: força feminina e transformações.

Cores: amarelo, dourado, coral e branco.

Dias da semana: segunda-feira e quarta-feira.

Símbolos: eruexin (chicote de crina de cavalo ou de búfalo) e alfanje (foice).

Elemento: Fogo.

Características: sensual, despojada, carismática, alegre, guerreira, corajosa e geniosa.

Sincretismo: Santa Bárbara.

Data de devoção: 04 de dezembro.

Rege: o pulmão e todo o processo de respiração; doenças do sangue e o sistema imunológico e doenças novas (não conhecidas).

Profissões: atividades imediatistas e com facilidade de expressão. Comércio, relações internacionais; esoterismo, ocultismo; biblioteconomia, arquivologia; consertos em geral, entre outras.

Ponto para Leitura

- Versatilidade, rapidez.
- Tempestade em copo d'água.
- Dificuldades passageiras.
- Dúvidas, conflitos interiores.
- Instabilidade que pode causar aborrecimento.
- Falta de clareza (sem visão clara sobre o momento).
- Cuidado para não ferir as pessoas à sua volta.

Oxum – O Ouro (A Riqueza)

Rainha dos Rios e das Cachoeiras, esteja presente em todos os momentos concedendo-nos riqueza, amor e felicidade.

Ora iê-iê, Oxum!

Senhora das águas doces e das cachoeiras, dona do ouro e protetora dos recém-nascidos, Oxum é a Orixá da fertilidade, do amor puro e verdadeiro e da união. Representa a mãe da criação. Como provedora, ela atende às necessidades dos outros e incorpora o amor maduro, puro, real, verdadeiro, sensível e sólido. Doadora de riquezas, amor e felicidade.

Seus filhos são pessoas graciosas e elegantes, têm força de vontade e um grande desejo de progresso. Não gostam de ser contrariados, pois não sabem lidar com negativas ou palavras ríspidas. Podem irritar-se muito facilmente.

História: Oxum tinha loucura para saber como desvendar o Oráculo. Ela solicitou a Exu, que possuía o dom de ver o destino através dos búzios, que lhe ensinasse o que sabia. Exu se recusou. A curiosa Oxum, insatisfeita com a situação, pediu às feiticeiras que ensinassem um feitiço para enganar Exu. Foi então que, com as mãos cheias de um pó brilhante, ela foi até Exu e soprou o pó no rosto dele, deixando-o temporariamente cego. Exu, apreensivo com os búzios, pediu a ela – que fingia preocupação – que o auxiliasse. Então, pouco a pouco, ele foi respondendo a tudo o que Oxum precisava saber para compor o jogo. E todos os Odus passaram a ficar conhecidos por Oxum.

Palavra-chave: fertilidade.

Saudação: *Ora iê-iê, Oxum! - Olha por nós, Mãe Oxum!*

Campos de força: água doce e cachoeiras.

Domínios: fertilidade, vaidade e união.

Cores: rosa, dourado, azul-claro, amarelo e branco.

Dia da semana: sábado.

Símbolos: abebé dourado (espelho).

Elemento: Água.

Características: bonita, sensível, elegante, harmoniosa, doce, possessiva, maternal, tranquila, apaixonada e romântica.

Sincretismos: Nossa Senhora Aparecida e Nossa Senhora da Conceição.

Datas de devoção: 12 de outubro e 08 de dezembro.

Rege: órgãos da reprodução feminina e intestinos.

Profissões: as atividades profissionais são pautadas por amor, dedicação, perseverança e filantropia. É adepta à estética, à beleza, à maquiagem; ao design; ao artesanato, às belas artes; à perfumaria, entre outras.

Pontos para Leitura

- Harmonia, amor e virtude.
- Autoconhecimento.
- Sensibilidade para o mundo espiritual.
- Dotes mediúnicos.
- Sentimentos verdadeiros.
- Proteção, tranquilidade.
- Adaptação e transformação.

Obá – A Feminista (Rainha)

Senhora do Equilíbrio e da Justiça, conceda-nos coragem para que nós não nos desviemos dos nossos objetivos.

Obá Xirê!

Orixá das águas revoltas, Senhora da guerra, amazona destemida, sábia e justa feiticeira, Obá tem a força de uma guerreira e de uma apaixonada. Ela desconhece o medo, não se desvia de suas finalidades, é forte, leal e corajosa.

Suas filhas (ela não tem filhos homens) possuem temperamento forte e se revelam um pouco antissociais, mas são extremamente fiéis aos poucos amigos que têm. As filhas de Obá nunca abandonam seus dependentes, elas dão mais do que recebem.

História: a ciumenta Obá disputava o amor de Xangô com Iansã e Oxum. Xangô, por sua vez, tratava Oxum com muito carinho. Sendo assim, Obá passou a imaginar que Oxum enfeitiçava Xangô, colocando tempero especial na comida dele. Percebendo que Obá sentia ciúmes, Oxum inventou que o seu ingrediente mágico era um pedaço de sua orelha. A ingênua Obá então preparou uma comida para Xangô com a sua própria orelha. Mas Xangô rejeitou o prato; Obá caíra numa armadilha! Desde esse dia, ela passou a cobrir as orelhas quando dança na presença de Oxum.

Palavra-chave: sacrifício.

Saudação: *Obá Xirê! – Eu saúdo seu conhecimento, Rainha Poderosa!*

Campos de força: quebras fortes de água doce, pororocas e quedas d'água.

Domínios: conquista, fidelidade e lealdade.

Cores: magenta, dourado, vermelho e branco.

Dia da semana: quarta-feira.

Símbolos: alfanje (foice) e escudo, adaga (arma branca pontiaguda), ofá (arco e fecha).

Elemento: Água.

Características: guerreira, valente, temperamento forte, independente, direta, franca e brigona.

Sincretismo: Santa Joana D'Arc.

Data de devoção: 30 de maio.

Rege: questões emocionais e tudo o que tem relação com o ouvido: o senso de direção ou a falta dele e a labirintite.

Profissões: atividades voltadas para organização e militâncias políticas. Educação; administração pública; serviços sociais, trabalho humanitário, entre outras.

Pontos para Leitura

- Espírito de luta e sacrifício.
- Contratempos[1].
- Conflito, desarmonia.
- Uso abusivo da força, quando seria melhor uma conversa.
- Situações são revertidas com reflexão.
- Em perguntas específicas: feitiço e magia negra.

---

1. Contratempos são ideias, acontecimentos ou decisões diferentes, que aparecem no percurso de determinada situação, mas que não interferem no resultado final.

Logun-Edé – O Belo (Príncipe Guerreiro)

Senhor do Mundo, guia os nossos passos
para que possamos conquistar nossas metas.

Lóci, Lóci, Logun!

Caçador nas águas e rainha no mato, Logun-Edé é um Orixá andrógeno; ele apresenta em suas características expressões femininas e masculinas. O mais jovem e bonito entre os Orixás, um encantador, grande feiticeiro, realizador de projetos que guia e protege nossos caminhos e traz sucesso aos nossos sonhos. Logun-Edé pode ser considerado um dos Orixás que ajudam a prosperar, uma Divindade da riqueza e da fartura. Tem um olhar atento para as coisas belas e materiais.

Seus filhos são carinhosos, amorosos, sedutores, orgulhosos e vaidosos; inconstantes, indecisos, frios e calculistas; reservados e um tanto calados.

História: apesar de se amarem, Oxóssi e Oxum não viveram juntos, mas tiveram um filho. Oxóssi desejava ficar com o menino e criá-lo da melhor forma possível, prometendo ensiná-lo a ser um grande caçador. Mas a mãe não podia pensar na ausência do menino em sua vida. Como solução, Oxum propõe que o menino fique seis meses com ela e seis meses com o pai.

E assim foi a criação de Logun-Edé – o príncipe da floresta e exímio caçador. Ele foi Oxum e Oxóssi, sem deixar de ser ele mesmo.

Palavra-chave: escolha.

Saudação: *Lóci, Lóci, Logun! – Brada, Príncipe Guerreiro!*

Campos de força: rios, matas e cachoeiras.

Domínios: beleza física, androgenia e riqueza.

Cores: azul-turquesa e amarelo-ouro.

Dia da semana: quinta-feira.

Símbolo: ofá (arco e flecha) e abebé (espelho), balança e cavalo-marinho.

Elementos: Água e Terra.

Características: ambíguo, criativo, corajoso, determinado e independente.

Sincretismo: São Expedito.

Data de devoção: 19 de abril.

Rege: desequilíbrios mentais, nervosismo, hipocondria, fobias, falsas doenças, manias e gravidez psicológica.

Profissões: atividades que unam a razão à intuição e que envolvam senso de justiça. Projetista; ator, cantor, músico; atividades ligadas à joalheria, moda e beleza, entre outras.

Pontos para Leitura

- Raciocínio lógico.
- Dinheiro, fartura.
- Multiplicação de lucros.
- Bens materiais.
- Sucesso e bons negócios.
- Concretização de algo no plano físico.

Iemanjá – A Rainha do Mar (Deusa da Criação)

Rainha dos Mares, mantém nossas famílias unidas em harmonia e governa nossos lares.

Odôyia, Iemanjá!

Senhora dos grandes rios, dos mares e dos oceanos, Iemanjá acolhe, fortalece e traz esperança para todos. Ela Protege a maternidade, rege o lar e a família. Cuida de todos, desempenhando a função de uma grande mãe.

Seus filhos não suportam a solidão. São prestativos e solidários, preocupados, responsáveis e decididos. São muito amigos e ajudam a quem precisar, com bondade e generosidade. Costumam ser pessoas que têm muita fé e determinação. As mulheres comportam-se como supermães.

História: filha de Olokum (soberano dos mares). Quando criança, Iemanjá ganhou de seu pai uma poção que a ajudaria a fugir dos perigos. Quando cresceu, se casou com Oduduá, com quem teve dez filhos Orixás. Seu casamento acaba e ela se apaixona pelo rei Okerê, com quem vive uma história nada feliz. Para escapar da perseguição de Okerê, Iemanjá faz uso da poção dada por seu pai na infância. Assim ela se transforma em um rio que encontra o mar. E, então, torna-se Iemanjá, a Rainha do Mar.

Palavra-chave: renovação

Saudação: *Odôyia, Iemanjá! – Salve a Senhora da Água!*

Campos de força: mares e oceanos.

Domínios: família, maternidade, fecundidade, gestação.

Cores: branco-azulado, prateado, azul, branco.

Dia da semana: sábado.

Símbolos: abebé prateado (espelho em forma de peixe), lua e peixe.

Elemento: Água.

Características: generosa, caridosa, acolhedora, serena, possessiva, alegre e simpática.

Sincretismos: Nossa Senhora dos Navegantes e Nossa Senhora da Glória.

Datas de devoção: 02 de fevereiro e 15 de agosto.

Rege: aparelho urinário e todas as glândulas.

Profissões: atividades voltadas para o auxílio das pessoas. Assistência social, psicanálise; fonoaudiologia; religião; filosofia; oceanologia, entre outras.

Pontos para Leitura

- Compromisso.
- Movimentação de novas e poderosas energias do bem.
- Renovação.
- Determinação.
- Mudanças lentas, porém, duradouras e positivas.
- Autocontrole e busca de equilíbrio.
- Algo sendo gerado.
- Em perguntas específicas: gravidez.

Nanã Buruquê – A mais velha (A mais sábia)

Senhora de Todos, dá-nos a tua serenidade e sabedoria,
para vivermos nos caminhos da paz e do amor.

Saluba Nanã!

Senhora dos mistérios e da sabedoria, a mais respeitada, a Grande-Mãe, Orixá de origem conjunta à criação do mundo; Nanã é a mãe do destino. Responsável pela reencarnação, ela cuida do corpo dos mortos e recria a vida.

Seus filhos são conservadores e apegados às convenções. Calmos, mas, às vezes, agressivos e guerreiros. Observadores, sabem analisar a alma humana detalhadamente. As mães são apegadas aos filhos e muito protetoras.

História: Nanã sempre teve poder sobre a morte. Oxalá, que desejava ter esse poder, casou-se com ela. Como na relação não havia amor, Oxalá fez um feitiço para ela engravidar, o que acarretou o nascimento de um filho com horríveis problemas de pele. Nanã, então, abandona o bebê na praia e Iemanjá o encontra. Ao saber do ocorrido, Oxalá castiga Nanã e a condena a ter mais filhos com anomalias. Ela acaba sendo expulsa do território divino e obrigada a viver em um pântano escuro.

Palavra-chave: sabedoria.

Saudação: *Saluba, Nanã! – Salve, Mãe as Águas Pantaneiras!*

Campos de força: águas paradas, barro e beira de rios.

Domínios: mistério, morte e reencarnação.

Cores: lilás, azul-claro e branco.

Dia da semana: terça-feira.

Símbolos: vassoura (instrumento de palha, em alusão ao poder de limpeza energética) e ibiri (bastão de hastes de palmeira).

Elemento: Terra.

Características: madura, séria, superprotetora, ranzinza, misteriosa e discreta.

Sincretismo: Sant'Anna.

Data de devoção: 26 de julho.

Rege: a circulação do sangue e tudo o que isso envolve, como flebite, varizes e formigamento.

Profissões: atividades familiares ou isoladas. Psiquiatria, psicologia; museologia, antropologia, filosofia, história, arqueologia e sociologia; trabalhos com cerâmica e antiguidades, entre outras.

Ponto para Leitura

- Realizações em todos os setores.
- Felicidade plena e que depende do que foi construído anteriormente.
- Satisfação.
- Generosidade.
- Fraternidade.
- Sabedoria.
- Sorte nas relações emocionais e profissionais.
- Silêncio para assuntos que ainda não estão prontos para serem ouvidos.

Obaluaiê – A Passagem (O Rei da Terra)

Senhor das Doenças, dá-nos saúde e força para vencer qualquer mal que se abater sobre nós.

Atotô, Meu Pai Obaluaiê!

Senhor da evolução e da passagem, Orixá da renovação dos espíritos, um dos mais temidos e respeitados, Obaluaiê tem o poder de cura, bem como o de provocar doenças, principalmente doenças de pele. Ele corta as demandas e solidifica os trabalhos e suas bases.

Seus filhos são pessoas de excelente memória. Confiáveis, se preocupam demais com os outros, esquecendo os próprios interesses. Estão sempre atentos aos mínimos detalhes e não se adaptam a mudanças.

História: Obaluaiê tornou-se o Orixá das mazelas, justamente por ter sofrido várias e se curado de todas, superando as dificuldades. Devido a erros cometidos por Nanã ao confrontar Oxalá, Obaluaiê nasceu cheio de problemas de pele, o que fez com que a sua mãe o abandonasse na beira do mar. Iemanjá encontra a criança recém-nascida e a cria como filho, ensinando-a superar males e a curar doenças. Obaluaiê cresceu cheio de cicatrizes. Por isso cobre o corpo com palhas, deixando somente os braços e as pernas de fora.

Palavra-chave: saúde.

Saudação: *Atotô, Obaluaiê! – Peço quietude, meu Pai!*

Campos de força: cemitérios e o sol do meio-dia.

Domínios: doença, cura e evolução.

Cores: branco, prateado e violeta.

Dia da semana: segunda-feira.

Símbolos: xaxará (ferramenta de mão de folha do dendezeiro), e filá (vestimenta feita de nervuras de palha também do dendezeiro).

Elemento: Terra.

Características: rígido, sério, equilibrado, tímido e vingativo.

Sincretismos: São Lázaro e São Roque.

Datas de devoção: 17 de dezembro e 16 de agosto.

Rege: a pele; todos os problemas de pele, estresse e cansaço.

Profissões: atividades que dispensam luxo. Enfermagem; administração de hospitais, serviço de saúde – laboratórios, farmácias; ortopedia, entre outras.

Ponto para Leitura

- Transformações são bem-vindas.
- Libertação do que é angustiante e faz sofrer.
- Interrupção do crescimento.
- Ruptura, separação.
- Cortes bruscos.
- Cortes de apegos que impedem a evolução.
- Desgastes e preocupações (que terão fim).
- Para perguntas específicas: ao lado de pedras positivas – doença que chega ao fim, recuperação. Ao lado de pedras negativas – cuidado com a saúde; presença de doenças; pode indicar cirurgia.

Ossaim – Deus de todas as ervas medicinais

Senhor das Curas, cubra-nos com tua proteção. Que as folhas sagradas purifiquem nossa caminhada.

Ewe ewe, assa!

Controlador do poder das plantas e protetor das folhas e das ervas sagradas, Ossaim é amigo das folhagens. Ele conhece o segredo das folhas e tem domínio sobre elas, atribuindo-lhes poder curativo. Orixá que é Senhor da purificação da energia.

Os filhos de Ossaim são raros. Práticos e curiosos, não aceitam uma afirmação facilmente, querem saber o porquê de tudo. Eles se afastam de pessoas por medo do desapontamento. Tolerantes e de bom coração, porém de atitude reservada e fria são reconhecidos pela coerência entre a razão e a emoção e são muito racionais.

História: Ifá, o senhor das adivinhações, adquiriu um escravo para limpar o terreno, onde morava. Ele foi surpreendido, pois seu criado se recusava a arrancar as ervas, por saber o poder de cura de cada uma. Então Ifá leu nos búzios e descobriu que o escravo era Ossaim, a divindade das plantas medicinais.

Ifá e Ossaim passaram a trabalhar juntos, para curar doenças e trazer sorte. Os outros Orixás ficaram muito enciumados e, num plano audacioso, Iansã provocou um vendaval. Ossaim perde o equilíbrio e deixa cair a caixa onde guardava suas ervas mágicas, espalhando todas as folhas. Aproveitando-se da situação, os Orixás foram se apropriando de cada uma delas. Oxalá agarrou as folhas brancas como algodão. Ogum pegou uma folha em forma de espada. Xangô e Iansã se apoderaram das vermelhas: a folha-de-fogo e a dormideira-vermelha. Oxum preferiu as folhas perfumadas. Iemanjá escolheu o olho-de-santa-luzia. Mas Ossaim conseguiu pegar o igbó, a planta que guarda o segredo de todas as outras. Com isso, o mistério e o poder das plantas continuam preservados para sempre.

Palavra-chave: cura.

Saudação: *Ewe ewe, assa! – As folhas dão certo!*

Campos de força: mata virgem e flora.

Domínios: cura, ervas medicinais e medicina alternativa.

Cores: verde-claro e branco.

Dia da semana: terça-feira.

Símbolos: haste metálica de sete pontas com uma ave no centro.

Elemento: Terra.

Características: aparência serena, olhos calmos, instabilidade e emotividade.

Sincretismo: São Benedito.

Data de devoção: 05 de outubro.

Rege: os joelhos e todos os desequilíbrios que dependam da medicina natural.

Profissões: profissionais ligados às causas civis, ecológicas, às plantas, aos animais e à agroecologia. Farmacêuticos, químicos e biólogos; homeopatas, fitoterapeutas, esteticistas naturais; jardineiros, paisagistas, floricultores, agricultores, entre outros.

Pontos para Leitura

- Planta-se para colher.
- Ação feita, reação colhida.
- Renovação.
- Resultado daquilo em que se acredita.
- Esperança de tempos melhores.
- Cura.
- O momento é de paz.
- Reflexão sobre nossas ações.
- Conhecimento sobre o segredo da cura.
- O poder de cura pode ser desenvolvido.

Oxumarê – Deus da Chuva e do Arco-íris

Senhor do Arco-íris,
que recebamos através de ti,
as bênçãos das sete luzes divinas.

Arrobobôi, Oxumarê!

Oxumarê é o movimento, a continuidade da vida. Orixá que garante a comunicação entre o Céu e a Terra.

Como arco-íris, ele tem o dom de regular a chuva, pois quando brilha não há chuva na Terra. Oxumarê traz renovação ao diluir sentimentos doentios. Como serpente, é a cobra que morde a própria cauda, simbolizando a continuidade do movimento e do ciclo vital.

Seus filhos são pessoas orgulhosas e exibicionistas. Periodicamente eles mudam tudo em suas vidas: casa, emprego, amigos, sempre buscando novidades. Costumam desenvolver o dom da vidência, pois possuem intuição aguçada. Filhos de Oxumarê não suportam brigar ou entrar em confusões.

História: Oxumarê era chamado de Babalawô – o Pai de todos os segredos. Olokun Seniade (mulher que representa prosperidade e riqueza), não conseguia engravidar e estava à procura de um Babalawô. Ela então procurou Oxumarê, que a orientou a fazer uma oferenda para ter filhos fortes e lindos.

Oxumarê ajudou Olokun, que ficou muita grata pelo serviço e o presenteou com sementes de dinheiro e um tecido colorido. Olokun disse para Oxumarê que sempre que ele usasse o pano, as cores no céu lembrariam a sua alegre presença. Oxumarê usa o tecido sempre que chove. Por isso em alguns dias chuvosos as cores de Oxumarê se espelham fortes no céu no formato de arco-íris.

Palavra-chave: movimento.

Saudação: *Arroboboi, Oxumarê! - Salve, Senhor das Águas Supremas!*

Campos de força: chuva, arco-íris.

Domínios: geração da vida, transformações, sexualidade.

Cores: azul-turquesa, furta-cor e branco.

Dia da semana: terça-feira.

Símbolos: cobra de metal e arco-íris.

Elementos: Ar e Fogo.

Características: forte, elegante, sensível, instável, solitário.

Sincretismo: São Bartolomeu.

Data de devoção: 24 de agosto.

Rege: o labirinto, o senso de direção e doenças crônicas (em qualquer parte do corpo).

Profissões: atividades relacionadas à rapidez de raciocínio, a objetos de arte, joias e decoração. Pinturas, esculturas, artes plásticas, vitrines, design de interiores e artes em geral, entre outras.

Pontos para Leitura

- Abundância, riqueza.
- Prazeres materiais.
- Fortalecimento do poder pessoal.
- Renovação – dilui mágoas e tristezas.
- Prevenção contra energias maléficas.
- Necessidade de não se deixar envenenar.
- Se a pergunta for específica a resposta é traição, discórdia, desarmonia, intriga, maledicência e resolução dos problemas por meio do diálogo sincero. Palavras erradas podem causar grandes transtornos.

Ewá – Guerreira valente e de palavra firme

Rainha dos Mistérios, que tua coroa guie nosso destino, cobrindo-nos de prosperidade.

Rinró, Ewá!

Orixá da beleza, da vidência, da magia e da feitiçaria, Ewá representa o equilíbrio material e espiritual. Ela tem o dom da clarividência. Como a lua, Ewá aguça a sensibilidade instintiva, pressente o futuro, protege os que são puros e verdadeiros de coração e permite o acesso à espiritualidade, àquilo que é secreto. Senhora dos disfarces, das artes, da poesia, Ewá é a protetora dos artistas. Dona das pedras preciosas.

Suas filhas (ela não tem filhos homens) são pessoas extremamente metódicas e racionais, tranquilas e sinceras. Elas gostam de ser o centro das atenções, costumam traçar metas para tudo, são boas nas artes divinatórias e trabalham pela paz.

História: um dia Ewá estava à beira do rio lavando roupas, as quais carregava em uma igbá (gamela gigante), e notou que, de longe, vinha um homem correndo de algo. Pensando em ajudá-lo, ela jogou as roupas no rio e o escondeu dentro de sua igbá. Em seguida, Iku (a morte) surge e pergunta se ela vira um homem. Ewá informa que o homem havia descido o rio correndo. Ao sair da igbá o rapaz se apresentou, dizendo ser Ifá, que se apaixonou e a levou com ele. Ewá aprendeu com Ifá o dom da vidência, mas não se tornou sua mulher.

Palavra-chave: equilíbrio.

Saudação: *Rinró, Ewá! – Oh! Doce e branda Ewá!*

Campos de força: rios, mares e águas calmas e claras.

Domínios: ilusões, mutações, sonhos e magia.

Cores: vermelho vivo, coral, rosa e amarelo.

Dia da semana: terça-feira.

Símbolos: ejó (serpente), arpão, ofá (arco e flecha), alfanje (foice) e âncora.

Elemento: Água.

Características: bela, sensual, sábia, guerreira, valente, teimosa e destemida.

Sincretismos: Santa Luzia e Santa Clara.

Datas de devoção: 13 de dezembro e 11 de julho.

Rege: a circulação (dores nas pernas, inchaços, associação de várias doenças).

Profissões: atividades ligadas a movimentos. Web designer, fotógrafo, desenhista; oculista; atividades ligadas às artes cênicas; relações públicas, entre outras.

Pontos para Leitura

- Reconhecimento de algo.
- Trabalho recompensado.
- Sonhos, honrarias e desejos.
- Determinação, sensibilidade e intuição.
- Algo oculto a ser revelado.
- Facilidade de adaptação.
- Preocupação, confusão emocional.

Oxalá – A Paz – O Pai (Luz Branca)

Pai Oxalá, cobre a todos nós com bênçãos,
com teu manto branco de pureza, paz e harmonia.

Epá Babá!

Oxalá, por excelência, é o Pai de todos os Orixás. Representa a fé e a paz, comanda o Universo, é Governante da vida e Criador do mundo inorgânico. Todos os seres são protegidos por ele, que controla a vida e a morte. Oxalá é o responsável pela vida das criaturas, pelo ciclo perpétuo de nascimento, envelhecimento e morte. É o patrono da sabedoria, gosta da ordem, estimula o sentimento de religiosidade e é considerado o mais poderoso e importante dos Orixás.

Oxalá é cultuado nas seguintes formas:

- Oxalufã = *Oxalá Velho - Orixá da paz*: seus filhos, em geral, são pessoas calmas e dignas de confiança. Dotados de grande sabedoria, estão sempre buscando os significados de tudo o que ocorre ao seu redor.
- Oxaguiã = *Oxalá Moço - Orixá valente e guerreiro*: seus filhos são ativos, alegres e generosos e não se deixam influenciar por opiniões alheias. São organizados e metódicos em seus ofícios e projetos.

História: Oxalá decide visitar seu filho Xangô. Ifá o alertou sobre os riscos que correria durante a viagem e o orientou para que levasse três roupas limpas e que não brigasse com ninguém no caminho. No início da sua caminhada, Oxalá encontra Exu Elepo, que lhe dá um abraço e o suja de dendê. Ele troca de roupa. Mais à frente, da mesma maneira, Exu Eledu suja Oxalá de carvão e, por último, Exu Aladi o suja com óleo de caroço de dendê, mas ele não troca a roupa. Pelo caminho, ele vê um cavalo que havia dado de presente para Xangô. Ao chegar mais perto, por trajar roupas sujas, os guardas acham que ele é um ladrão e o prendem. Num período de 7 anos, tempo que durou a prisão de Oxalá, o mundo sofreu muito: secas surgiram, mulheres não conseguiam engravidar, então Ifá alertou Xangô de que algum inocente estava preso. Ao revistar as celas, Xangô encontrou Oxalá, seu pai, e o libertou.

Palavra-chave: paz.

Saudação: *Epa Babá, Oxalá! – Oh! Pai Oxalá!*

Campos de força: céu, ar, rios e montanhas.

Domínios: sabedoria, purificação, decisões e conquistas.

Cores: branca, cristalino e furta-cor.

Dia da semana: sexta-feira.

Símbolo: opaxoró (cajado metálico).

Elemento: Ar.

Características: calmo, equilibrado, tolerante, cuidadoso e ponderado. Detentor de muita força de vontade.

Sincretismo: Jesus Cristo.

Data de devoção: 25 de dezembro.

Rege: a cabeça, a coluna e todas as inflamações.

Profissões: atividades ligadas ao bom gosto e à precisão, aos orientadores e a conciliadores conjugais. Teologia, filosofia, religião, diplomacia, entre outras.

Pontos para Leitura

- Representa a vida e a paz.
- Energia criadora.
- Sucesso, otimismo.
- Riqueza, felicidade, plenitude.
- Clareza, luz.
- Prosperidade, crescimento.
- Sabedoria, consciência, inteligência.
- Verdade.

Ibeji – Nascimento de Dois

Protetores das Crianças e da Família;
que a sua pureza e alegria
estejam presentes em nossos corações.

Beje eró!

Pureza, leveza, alegria e doçura. Os Ibejis são os primeiros gêmeos nascidos na Terra. Eles carregam a felicidade no seu coração e veem a vida com olhos de criança. Ibejis simbolizam o nascimento e a vida, tudo que inicia e brota, representam o espírito sem as impurezas espirituais provenientes da evolução e do livre-arbítrio, harmonizam a família e facilitam uniões. Adoram festas, música e dança.

História: os Ibejis são filhos de Iansã e Xangô. Ao dar à luz, Iansã os abandona nas águas de um rio. Oxum escuta o choro das crianças e corre na direção delas, encontrando os dois recém-nascidos. Diz a lenda que o coração de Oxum se enche de amor quando as crianças sorriem para ela, que, então, se torna mãe deles e dá-lhes os nomes de Taiwo e de Kehinde.

Ibeji é o único Orixá que possui dupla personificação, simbolizando o nascimento de todas as coisas.

Palavra-chave: harmonia.

Saudação: *Beje eró! – Salve os irmãos felizes!*

Campos de força: jardins floridos, campos e praias.

Domínios: dualidade, alegria, infância e crescimento.

Cores: azul, rosa e colorido.

Dia da semana: domingo.

Símbolo: duas cabaças gêmeas.

Elementos: todos.

Características: alegre, otimista, brincalhão, esperto, espontâneo, ingênuo, puro, imaturo, birrento, versátil.

Sincretismo: São Cosme e São Damião.

Data de devoção: 27 de setembro.

Rege: o nascimento.

Profissões: atividades relacionadas à sociabilidade e a tudo que é novidade. Literatura; jornalismo, publicidade, relações públicas; desenhos em geral, entre outras.

Pontos de Leitura

- Alegria e boas energias.
- Simplicidade.
- Sinceridade.
- Novas amizades.
- Sucesso, desde que se expressem as ideias com liberdade.
- Adaptação a qualquer situação, com muito jogo de cintura.
- Imaturidade, atitudes impensadas.
- Atenção para não fazer tudo ao mesmo tempo.

Capítulo IV

Montando o Oráculo dos Orixás

Os cristais e as pedras representam o poder da natureza superior. Dizem que são as pedras que nos escolhem por simpatia; elas nos atraem. São inúmeras as pedras da mesma espécie, mas sempre há uma que chama mais atenção.

As pedras utilizadas neste oráculo devem ser escolhidas por você, por isso não acompanham este livro. O conjunto precisa ter a sua personalidade. Quanto mais depositar a sua energia nas pedras, maior será a sua sintonia com elas.

Existe um grande mercado de cristais e de pedras – preciosas ou semipreciosas – que podem ser adquiridas facilmente para este propósito. Para escolher uma pedra, segure-a em sua mão e sinta a vibração que ela emite: mudança de temperatura, uma espécie de formigamento ou qualquer outra sensação diferente. Ao experimentar algo parecido com essas energias, pode ter certeza de que aquela é a sua pedra.

1. Estude as pedras que você irá adquirir. Escolha quais utilizar. Veja no final do livro a tabela Pedras dos Orixás. É importante que elas não se repitam no conjunto.
2. Adquira-as no tamanho que desejar, porém, todas juntas devem caber em suas mãos.
3. Limpe-as. Veja o processo de limpeza em Métodos de Limpeza e Energização.

4. Prepare um ambiente agradável: acenda uma vela e posicione um copo de água ao lado; coloque uma música tranquila e agradável para relaxar.
5. De acordo com a tabela Símbolos dos Orixás, desenhe a representação gráfica nas pedras com a caneta (você pode usar giz líquido, por exemplo) e deixe secar.
6. Passe o verniz de artesanato à base de água por cima dos símbolos, para dar melhor acabamento e impedir que a tinta saia com o manuseio. Deixe secar.
7. Energize as pedras de acordo com um dos Métodos de Energização.
8. Programe-as. Veja como fazê-lo em Método de Programação das Pedras.
9. Aproprie-se do jogo. Veja as informações em Apropriação do Oráculo.
10. Consagre o Oráculo, verificando orientações em Consagração do Jogo Divinatório.
11. Faça a primeira leitura. Deixe que o Oráculo fale com você.

Dica importante: a partir deste momento o seu Oráculo carrega sua energia. Não descuide dele. Não deixe que outras pessoas o utilizem.

Pedras dos Orixás

As pedras preciosas encantam com sua beleza. Elas são capazes de atuar em várias dimensões de existência, pois canalizam, contêm e expandem a Luz Espiritual.

Com capacidade de canalizar energias específicas, as pedras têm o poder de sintonizar com a força mística de entidades, como, por exemplo a dos Orixás.

A utilização das pedras neste jogo espiritual vai respeitar a regência de cada Guia. Quanto mais colorido for o seu Oráculo, maior é a capacitação de diferentes e boas energias. As pedras preciosas, semipreciosas e os cristais amplificam pensamentos, expandem a consciência, auxiliam nos processos de cura e protegem de energias negativas.

Quando utilizamos a cor das pedras como uma chave para efeitos diversos, entramos verdadeiramente no reino da magia. Imagine-as, então, aliadas aos Orixás!

Veja a seguir as cores que facilitam sua escolha.

Pedras amarelas: governadas pelo Sol e regidas pelo elemento Ar, as pedras amarelas são protetoras e simbolizam a criatividade, a jovialidade e a alegria. O amarelo é uma cor que desperta, que expressa leveza, descontração e otimismo.

Pedras azuis: simbolizam o ideal e o sonho; fidelidade, lealdade e seriedade. O azul-claro é a cor do céu iluminado, a cor das alturas, do espírito e do pensamento. O azul-escuro é a cor do bem-estar, da paciência e da serenidade.

Pedras brancas ou cristalinas: transmitem paz, calma e pureza. Equilibram a aura e facilitam o contato com os guias espirituais, promovendo equilíbrio interior e sensação de proteção. O branco revela sinceridade e verdade; repele energias negativas e eleva as vibrações espirituais.

Pedras laranja: estimulam o otimismo, a generosidade e o entusiasmo. Laranja é a cor do afeto e da intimidade. É também a cor do sucesso e da prosperidade.

Pedras verdes: simbolizam a renovação, a fertilidade, o crescimento e a saúde. O verde representa as energias da natureza, da vida e da esperança.

Pedras vermelhas: estimulam a força de vontade, a energia e a coragem. O vermelho é a cor da paixão e do sentimento. Simboliza o amor e o desejo.

Pedras rosa: promovem a paz, a felicidade, a alegria e o riso. Rosa é a cor do amor-próprio.

Este oráculo foi idealizado com as seguintes pedras:

ORIXÁS	PEDRAS
EXU	Quartzo-fumê, turmalina-negra, ônix-preto, hematita e mica-preta.
OGUM	Hematita, granada, sodalita, cianita-azul, magnetita e azurita.
OXÓSSI	Olho de tigre, quartzo-verde, amazonita, jaspe-verde e esmeralda.
XANGÔ	Pedra do Sol, jaspe-vermelha ou marrom, granada, pirita e bronzita.
IANSÃ	Citrino, cornalina, rubi, coral-vermelho, cornalina e ágata de fogo.
OXUM	Quartzo-rosa, citrino, turmalina-rosa, leptodolita, rodocrosita e turquesa.
OBÁ	Esmeralda, calcedônia, rosa do deserto, madeira petrificada e marfim.
LOGUN-EDÉ	Quartzo-verde, ágata-verde, turquesa, topázio e safira-azul.
IEMANJÁ	Água-marinha, pedra da lua, lápis-lazúli, quartzo-azul e topázio-azul.
NANÃ	Ametista, fluorita-lilás, safira, mica-lilás, charoita e rubelita.
OBALUAIÊ	Turmalina-negra, quartzo-branco, ônix-preto, basalto, obsidiana e granada.

ORIXÁS	PEDRAS
OSSAIM	Amazonita, turmalina-verde, turmalina-rosa e esmeralda.
OXUMARÊ	Opala, quartzo-azul, fluorita arco-íris, labradorita e turmalina-melancia.
EWÁ	Olho de gato, quartzo-rosa, topázio, esmeralda, âmbar e berilo.
OXALÁ	Howlita-branca, quartzo-branco leitoso, Quartzo-cristal e diamante.
IBEJI	Quartzo-cristal e quartzos em geral, e ágatas de cores variadas.

É importante afirmar que, no conjunto de pedras que compõem este Oráculo, não poderá haver repetições nem de símbolos nem de pedras. Você poderá montar um conjunto personalizado. Cada Pedra tem muitos significados. As que utilizamos com mais frequência neste oráculo são:

Ágata: estabiliza a aura, promove equilíbrio nos corpos físico, mental e emocional.

Água-marinha: aguça a clarividência, estabiliza o ser. Tranquiliza ambientes e pensamentos.

Amazonita: tranquiliza a mente e traz boa sorte e sucesso.

Ametista: protege e auxilia a atingir estados mais profundos de meditação e equilíbrio mental.

Citrino: aumenta a felicidade e a alegria de viver. Promove prosperidade e sucesso.

Esmeralda: estimula a força de vontade e a coragem. Revela a verdade.

Granada: estimula a força pessoal e a vitalidade e traz proteção energética.

Hematita: traz proteção e fortalecimento pessoal e remove bloqueio energético.

Howlita: equilibra a mente e o corpo, neutraliza energias negativas e proporciona fortalecimento espiritual.

Lápis-lazúli: afasta as energias negativas, desenvolve a intuição e fortalece e revela os sentimentos de amor e de amizade.

Olho de gato: eleva a espiritualidade, estimula a intuição, promove felicidade e sorte.

Olho de tigre: propicia equilíbrio, autoconfiança e organização de pensamentos.

Opala: transmite paz e sensação de bem-estar e expande a consciência cósmica.

Ônix: ajuda a vencer todos os medos e amplia a força física e mental.

Pedra da Lua: expande a mente e aumenta o nosso poder de atração.

Pedra do Sol: atrai alegria, rejuvenescimento e vitalidade e proporciona autoestima e autoconfiança.

Quartzo-azul: estimula a cura emocional, estado de relaxamento e paz de espírito.

Quartzo-branco: ajuda a aumentar a concentração.

Quartzo-cristal: purifica e energiza.

Quartzo-fumê: protege e neutraliza os ataques energéticos.

Quartzo-rosa: evoca o amor incondicional e harmoniza as emoções e os sentimentos.

Quartzo-verde: amplia a coragem, o otimismo e o equilíbrio e ajuda na cura.

Topázio: abre caminhos, estimula a comunicação, harmoniza as emoções e aumenta a capacidade telepática.

Turmalina: ajuda a ganhar um conhecimento mais equilibrado e traz à luz informações estarrecedoras.

Materiais para a Mesa do Jogo

- Dezessete pedras. Dezesseis pedras dos Orixás e uma pedra Fundamental.
- Uma toalha branca.
- Uma tábua de jogo ou um tabuleiro, que deve ter em média 30 cm de circunferência e as laterais altas, para impedir que as pedras rolem e caiam no chão. Este suporte poderá ser ornamentado por você. Imprima a sua personalidade nele.
- Os quatro elementos – Ar (incenso); Fogo (vela); Água (copo com água); Terra (pedras ou flores).

Entenda os quatro elementos:

- *Elemento Ar*: ideias, pensamentos e crenças variadas. A mente, a inteligência e os conflitos.
- *Elemento Fogo*: vontade direcionada. A ação do espírito e fé.
- *Elemento Água*: transformação da crença, fundamental para o processo criativo. Intuição e sentimentos – desejo da alma.
- *Elemento Terra*: materialização da vontade. A matéria e a concretização. O lado prático da vida.

Dica importante: o material correspondente à mesa do jogo deve ser utilizado apenas para o objetivo da leitura; mesa simples ou sofisticada, fica a seu critério.

Símbolos e Ferramentas dos Orixás

Cada pedra tem um símbolo que corresponde a um Orixá. Por exemplo, a pedra Howlita-branca corresponde a Oxalá, cujo símbolo é Opaxoró. Os símbolos aliados às pedras dão um toque colorido à leitura do Oráculo.

Os Orixás usam ferramentas ou símbolos que têm relação com as próprias características existenciais, e que, mesmo que aparentem ser simples adereços, elas têm fortes razões de existir, pois descarregam energia, atraem positividade, fortalecem, equilibram, acalmam e assentam, dentre outras funções.

Lembrando, mais uma vez, que este oráculo não aceita repetições no seu conjunto. A escolha dos símbolos está baseada nas características de cada Orixá.

Símbolos dos Orixás

SÍMBOLOS		ORIXÁS
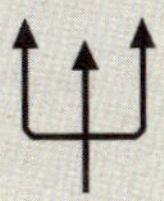	Tridente	Exu
	Lanças	Ogum
	Chicote Crina	Iansã
	Arco e Flecha	Oxóssi
	Machado Duplo	Xangô
	Espelho	Oxum
	Adaga	Obá
	Balança	Logun-Edé
	Peixe	Iemanjá

SÍMBOLOS		ORIXÁS
	Vassoura	Nanã
	Filá	Obaluaiê
	Haste 7 Pontas	Ossaim
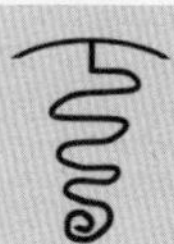	Serpente	Oxumarê
	Âncora	Ewá
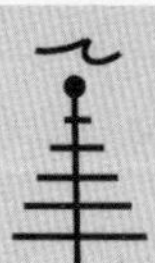	Opaxoró	Oxalá
	Cabacinhas	Ibeji

Métodos de Limpeza, Energização e Programação

Limpeza

Existem vários tipos de cristais, pedras preciosas e semipreciosas. Cada uma tem sua energia particular. Para utilizá-las, é necessário energizá-las.

Devemos remover possíveis energias impróprias que possam nelas conter, para que, assim, elas fiquem completamente neutras.

Existem vários métodos para limpeza de pedras, dentre os descritos a seguir, você pode escolher um deles:

- Lave as pedras em água corrente.
- Coloque as pedras dentro de um recipiente de vidro (de preferência branco ou transparente), contendo água com sal grosso. Deixe por três horas, aproximadamente, ou pelo tempo que sua intuição determinar.
- Lave as pedras em uma cachoeira ou no mar.
- Acenda o incenso de sua preferência e sopre bastante sobre as suas pedras, defumando todas as suas faces e todas as suas áreas pelo tempo que achar necessário. Cubra-as com sal marinho.

Energização

Após as pedras serem limpas, você deverá escolher um dos métodos de energização a seguir:

Drusa: cristais podem ser energizados com a presença de outros cristais maiores, como uma drusa, por exemplo.

Mãos: coloque as pedras entre as mãos e gire-as até esquentá-las, mentalizando a passagem de energia de suas mãos para elas.

Reiki: aplique energia Reiki com o símbolo *Choku Rei*.

Sol/Lua: exponha as pedras ou os cristais à luz da Lua durante toda a noite, e, em seguida, aos raios solares até o meio-dia.

Tempestade: espere a formação de vento, de chuva, raios e trovões. Coloque as pedras expostas a essa energia.

Programação

As pedras podem ser programadas para várias e determinadas finalidades.

1. Para iniciar uma programação, é necessário que o ambiente esteja tranquilo.
2. Escolha uma pedra. Segure-a na mão direita e procure lembrar qual é a leitura daquela pedra.
3. Repita três vezes:
   - *Exemplo 1*: "Esta pedra (Howlita-branca) está sendo programada para a leitura de repostas possíveis correspondentes a Oxalá."
   - *Exemplo 2*: "Howlita-branca, neste meu oráculo, é a pedra de Oxalá.".

4. Fique com o cristal na mão por mais ou menos três minutos ou pelo tempo que sua intuição achar necessário.

5. Repita o processo com as demais pedras, selecionando uma por vez.

DICA IMPORTANTE: caso haja alguma interrupção, recomece todo o processo.

Apropriação do Oráculo

Convivendo com as Pedras de Luz

Para que seu oráculo pertença inteiramente a você, será necessário que a sua energia esteja em cada pedra.

- Mantenha o oráculo próximo a você durante alguns dias (o maior tempo possível do dia).
- Leve-o na bolsa para onde você for.
- Guarde-o no seu cantinho espiritual.
- Sempre que possível, mexa no Oráculo, fique com as pedras nas mãos, deixe que elas canalizem a sua energia.
- Faça isso durante o tempo que achar necessário. Sua intuição guiará você.

Vivenciando as Pedras de Luz

O próximo passo é vivenciar cada Pedra, aproximando-as de você.

Primeiro faça isso com as dezesseis pedras dos Orixás. Deixe a Pedra Fundamental por último.

Você poderá seguir uma dessas opções:

- Sortear uma pedra por dia.
- Seguir a sequência da apostila.
- Verificar o dia da semana consagrado a cada Orixá e vivenciar a pedra correspondente (uma por dia).

Depois, pegue a pedra escolhida e leia todas as suas descrições. Durante o dia inteiro fique com aquela pedra junto de você. Faça um exercício para lembrar ou leia várias vezes o seu significado visualizando o seu símbolo.

Agora vivencie a Pedra Fundamental

- No décimo sétimo dia você estará com a Pedra Fundamental, a porta de entrada para o universo oculto. Nela você depositará toda a energia do jogo. Essa pedra precisa estar muito bem energizada e sempre submetida à oração, que deverá ser feita várias vezes ao dia.

Ao todo, serão dezessete dias consecutivos, até que termine a quantidade de pedras.

No final de cada dia escreva sobre as suas impressões e como foi o seu dia.

É importante que, no final deste processo, você tenha gravados na mente os símbolos e alguma referência das pedras.

Consagração do Jogo Divinatório

A consagração é realizada por meio de um ritual, num momento especial. A oração é sempre usada quando se consagra algo ou alguém, pois é através dela que colocamos diante de Deus as nossas intenções; algo extremamente importante.

Ao consagrar o oráculo você estará colocando toda a sua energia nas pedras e transformando-as em símbolos sagrados – Pedras de Luz.

Materiais

- Os quatro elementos:
  - *Água*: para purificar as energias – um copo virgem com água corrente.
  - *Terra*: para trazer paz e harmonia para o ambiente – flores brancas.
  - *Ar*: para elevar a sintonia espiritual e transformar os pensamentos – varetas de incenso.
  - *Fogo*: que é um purificador espiritual e consagrador de ambientes – vela violeta.
- O oráculo
- A tábua de jogo
- Uma toalha branca

Iniciando a Consagração

Escolha um local apropriado para a consagração do oráculo, que deve ser realizada de preferência na Lua nova (energias novas, positivas e incentivadoras) ou na Lua crescente (influências de ideias, estabilidade e crescimento) - fases que favorecem a intuição, as iniciativas e os resultados rápidos.

- Coloque sobre uma mesa redonda uma toalha branca.
- Posicione a tábua de jogo no centro da mesa.
- Disponha os quatro elementos ao redor da tábua de jogo com a seguinte intenção: o copo de água para filtrar as energias. O incenso para purificar o ambiente. As flores simbolizando paz e harmonia. A vela para iluminar os caminhos.
- Envolva cada pedra na fumaça do incenso dizendo o nome do Orixá correspondente e o símbolo. Neste momento, você poderá lembrar de algumas características do Orixá. Inclua neste passo a Pedra Fundamental.
- Distribua as pedras uma a uma, dentro da tábua, na posição que preferir. Apenas a Pedra Fundamental deverá estar na posição correta (quatro centímetros abaixo da margem da tábua de jogo).
- Faça as orações de sua preferência ou siga os exemplos de oração que estão no final deste livro.
- Faça a invocação, solicitando a presença dos Orixás, dos Seres de Luz e de sua equipe de trabalho espiritual, pedindo luz para a consagração do Oráculo.

- Deixe a mesa montada por 24 horas.
- Sempre que possível, durante a consagração, vá até a mesa e eleve seus pensamentos aos Seres de Luz invocados.
- Durante as 24 horas da consagração faça a manutenção da vela e do incenso. Você poderá utilizar vela de 24 horas e incenso de grande duração.

Mesa para o Jogo

A Pedra Fundamental

Para os métodos de interpretação, a utilização da Pedra Fundamental é obrigatória. Ela é a chave! Significa o destino, a sabedoria espiritual, a fé e a autoconfiança.

A leitura do Oráculo dos Orixás se inicia com a Pedra Fundamental. Sobre ela são posicionadas as suas mãos e você fará as orações necessárias para a abertura do jogo. Deposite a sua energia ali naquele momento.

Essa pedra sempre ficará dentro do tabuleiro, na posição acima de todas as outras pedras, numa média de aproximadamente quatro centímetros abaixo da margem do tabuleiro.

Para a Pedra Fundamental, utilizamos o Cristal Gerador, que é ligado às mais puras vibrações possíveis. Ele abre a intuição, atrai a sabedoria e estabelece a comunicação dos reinos mais elevados, trazendo clareza com as informações vindas desse plano e respostas para nossa vida.

Preparando a sua Mesa

Para iniciar a sua leitura, durante o preparo da sua mesa você deverá sempre perguntar se o Jogo está aberto. Para tanto siga as seguintes orientações:

- Jogue as pedras delicadamente na tábua de jogo.
- Se a pedra quartzo-fumê (Exu) cair com o símbolo voltado para cima, isso é sinal de que a resposta é SIM, o jogo está aberto.
- Se essa pedra cair com o símbolo voltado para baixo é sinal de que a resposta é NÃO, o jogo não está aberto. Neste caso, você fará mais algumas orações para trazer luz ao jogo.
- Faça a pergunta novamente.
- Você poderá repetir este procedimento por mais duas vezes. Todas as vezes em que a pedra der a resposta negativa, não jogue naquele momento para aquela pessoa.

Siga as orientações a seguir para preparar a sua mesa:

- Energize o ambiente onde você colocará a mesa do jogo.
- Use uma toalha branca para o local do jogo.
- Coloque os quatro elementos na posição que mais lhe agradar.
- Na toalha, sobreponha a tábua de jogo.
- Disponha todas as pedras em cima da tábua e faça a sua conexão, seu centramento.
- Com as mãos acima da Pedra Fundamental faça suas orações.

- Solicite a presença dos Seres de Luz, Mentores, Orixás.
- Peça licença ao Orixá que rege o dia da semana.
- Faça uma saudação a todos os Orixás.
- Peça intuição e proteção para você e para sua consulente.
- Recolha as pedras.
- Posicione a Pedra Fundamental no meio ou acima do jogo.
- Pergunte ao Universo se você pode abrir jogo.
- Faça o jogo conforme as orientações de interpretação apresentadas no capítulo seguinte.
- Para fechar o jogo, agradeça aos Seres de Luz, aos Orixás e aos Mentores por toda a energia de luz que emana sobre o seu Oráculo.
- Guarde o seu Oráculo em um lugar próprio para ele.
- Periodicamente, ou quando sentir necessidade, faça a limpeza das pedras e as energize.

Capítulo V

O Jogo

ALEA JACTA EST *(a sorte está lançada)*

Muitos esclarecimentos serão feitos em uma consulta. Mas é bom lembrar que este Oráculo é uma arte divinatória regida pelos Orixás, que dará ao consulente algumas orientações. Porém, o futuro depende das ações de cada um, no presente.

Não há uma "receita de bolo" exata para se jogar Pedras de Luz. As descobertas vão aparecendo e os mistérios vão sendo revelados certos para serem ouvidos naquele momento da consulta. O Oráculo pode ser lido a qualquer hora do dia ou da noite.

É interessante ter em mente que o passado nos fornece subsídios para respostas sobre o futuro. Portanto, caso necessário, examine o passado, perceba o que acontece no presente e só depois leia o futuro.

Para ter uma leitura completa e correta o oraculista deve fazer o lançamento das pedras várias vezes, confirmando a interpretação. Em muitos momentos será necessário fazer uma série de perguntas – que podem ser feitas mentalmente, com o mesmo tema – para satisfazer todas as possibilidades existentes. A visão do oraculista é geralmente direcionada e atraída para a posição da caída das pedras. Assim, a verdade é revelada.

Saber as características de cada orixá é imprescindível para uma boa leitura que, com tempo e prática, se dará de forma leve e segura. É preciso respeitar o mistério das ferramentas e as técnicas utilizadas neste oráculo.

Os métodos de interpretação foram intuídos para este Oráculo e devem ser entendidos como algumas formas de interpretação que poderão ser utilizadas. Porém o oraculista poderá desenvolver outras maneiras de jogar o Oráculo dos Orixás.

Métodos de Interpretação

Modo Pedras de Luz

Para este tipo de lançamento não são feitas perguntas. O jogo inicial é o começo da conversa. Você colocará para o consulente as situações que mais se destacam – aquelas que precisam vir à tona.

- Posicione a Pedra Fundamental.
- Com todas as pedras em suas mãos, fale o nome completo da pessoa para a qual você está jogando.
- Jogue-as, delicadamente, no centro da tábua de jogo.
- As pedras que caírem com os símbolos virados para baixo serão retiradas da tábua.
- Você não precisa ler todas as pedras. Sua visão é atraída para as pedras principais.
- Jogue várias vezes para que as situações se revelem, confirmando e acrescentando novas afirmações.
- Quando as pedras começarem a se repetir será a hora de parar os lançamentos.

Modo Pergunta e Resposta

Uma vez confirmado com o consulente o tema da consulta, a pergunta é feita para o Oráculo, em voz alta.

- Posicione a Pedra Fundamental.
- Faça a pergunta com todas as pedras em suas mãos.
- Jogue-as, delicadamente, no centro da tábua de jogo.
- As pedras que caírem com os símbolos virados para baixo serão retiradas do jogo.
- Retire do jogo, também, as pedras que caírem distante da Pedra Fundamental.
- A leitura é feita apenas com as pedras que estarão próximas à Pedra Fundamental. Na maioria dos casos serão até três pedras posicionadas.
- Em seguida, faça mais alguns lançamentos, procedendo da mesma maneira.
- Quando as pedras começarem a se repetir será a hora de parar os lançamentos.

Modo Conselho

Neste modo de lançamento todas as pedras com os símbolos voltados para cima são lidas. Porém, cada qual com a sua força, dependendo da posição que caírem.

- Posicione a Pedra Fundamental.
- Faça a pergunta com todas as pedras em suas mãos.
- Jogue-as, delicadamente, no centro da tábua de jogo.
- As pedras que caírem com os símbolos virados para baixo serão retiradas do jogo.

- A leitura é feita apenas com as pedras que estiverem com os símbolos para cima.
- A resposta se dará de cima para baixo e da esquerda para a direita.
- É importante verificar quais pedras caíram perto à Pedra Fundamental. Estas serão as que terão mais força na jogada, por conseguinte, orientarão a interpretação da leitura.
- As pedras que caírem distante da Pedra Fundamental, mais próximo à borda da tábua de jogo, estarão numa condição menos importante na questão. Aquela situação referente à leitura daquela pedra, especificamente, indicará uma possibilidade mais remota de a resposta ser positiva.

Modo Binário – Sim ou Não?

O Modo Binário é direto. O oraculista precisa elaborar com o consulente as perguntas cujas respostas admitam apenas SIM ou NÃO. Não deverão ser formuladas perguntas que deixem dúvidas.

- Posicione a Pedra Fundamental.
- A pergunta deverá ser feita em voz alta pelo consulente.
- Repita a pergunta do consulente com todas as pedras em suas mãos.
- Faça o lançamento das pedras, delicadamente, no centro da tábua de jogo.
- A pedra que se posicionar bem próxima à Pedra Fundamental, ou acima dela, é a que dará a resposta (SIM ou NÃO).

- Se nesta jogada, conforme a caída das pedras, você ficar em dúvida, jogue mais duas vezes para que a resposta fique bem clara.
- Se em todas as três jogadas nenhuma pedra cair próximo à Pedra Fundamental é sinal de que o oráculo não vai responder à questão.
- Depois que você tiver a certeza da resposta, poderá fazer novas jogada com base no jogo Pedras de Luz – orientação/conselho, a fim de dar o desfecho para a pergunta.

Obs.: muitas vezes será necessário que o oraculista faça várias jogadas no intuito de confirmar a resposta. Uma forma incorreta seria perguntar, por exemplo: "eu vou viajar para a Inglaterra ou para Portugal nas minhas férias?"

Neste caso, as perguntas corretas serão: "viajarei nas próximas férias?", ou "eu vou para a Inglaterra?", "eu vou para Portugal?"

Várias perguntas podem ser utilizadas para saber o destino da viagem. Veja no quadro a seguir a correlação dos Orixás com as respostas.

Respostas Positivas ou Negativas

ORIXÁS	SIM OU NÃO
EXU	SIM
OGUM	SIM
OXÓSSI	SIM
XANGÔ	SIM
IANSÃ	DÚVIDA
OXUM	SIM
OBÁ	NÃO
LOGUN-EDÉ	SIM
IEMANJÁ	SIM
NANÃ	SIM
OBALUAIÊ	NÃO
OSSAIM	NEUTRA
OXUMARÊ	NÃO
EWÁ	NÃO
OXALÁ	SIM
IBEJI	SIM

Alguns Resultados Possíveis

Diversos tipos de lançamento darão sustentação à interpretação do assunto em questão quando as pedras caírem da seguinte forma:

- Pedras com todos os símbolos voltados para cima:
    - *A resposta indicará boas novidades. Jogue novamente para obter o desenvolvimento da resposta.*

- Pedras com todos símbolos virados para baixo:
  - *Não será um momento bom para o consulente no que se refere à pergunta específica. Jogue novamente para obter o desenvolvimento da resposta.*
- Uma única pedra com o símbolo voltado para cima:
  - *Força na interpretação da pedra.*
  - *Aquele Orixá responde.*
- Uma só pedra entre a margem do tabuleiro e a Pedra Fundamental:
  - *Já aconteceu.*
  - *Está acontecendo.*

Obs.: a interpretação refere-se à leitura daquela pedra.

- Pedra de Obá (esmeralda), ao se destacar no lançamento:
  - *Caracteriza um problema espiritual.*

Obs.: quando for uma caída destacada das demais, sem interferência de nenhuma outra pedra.

- Unicamente pedras negativas (ver tabela SIM ou NÃO) próximo da Pedra Fundamental, sem interferência de nenhuma outra positiva:
  - *O oráculo não vai responder à questão.*
- Pedra de Exu (quartzo-fumê) acima da Pedra Fundamental e de todas as outras pedras:
  - *Aquele fato já aconteceu ou vai acontecer logo, rápido, urgente.*
- Pedra de Exu (quartzo-fumê) próximo às pedras negativas:
  - *Maus presságios, perdas ou perigos, problemas à vista.*

Em algumas situações pode acontecer de a adivinhação não parecer verdadeira.

Cada ação tem uma reação e pode mudar completamente a direção de nossas vidas. Por isso uma leitura, às vezes, pode parecer incorreta. Nestes casos:

- Se uma resposta do oráculo indicar, por exemplo, que a pessoa vai perder o emprego, ou qualquer outra situação delicada como essa, o oraculista deve ser cuidadoso para fazer a leitura indicando essa possibilidade.
- Dependendo de qual situação o consulente gostaria de viver, caberá a ele internalizar a questão e modificar ou não o seu comportamento.
- Se o consulente trabalhar o presente para alterar o resultado descrito na leitura, a resposta da adivinhação poderá ser diferente. Não que ela não seja verdadeira, apenas o comportamento do consulente, naquele momento, foi modificado, e, por conseguinte, o resultado sofreu mudança.

Posfácio

Queridos Irmão de Caminho e de Luz...

Saudações Reikianas!!!

Adriana Christo, eu e sua tia, Clair Cabral, que prefacia esta obra, nos unimos através da Energia Reiki, no ano de 2014. Nossa amizade se estreitou muito ao longo de seus cursos de Mestrado em Reiki. Nossa relação sempre foi muito harmoniosa e de respeito mútuo.

A energia Reiki é uma das maiores forças deste Planeta para a evolução das pessoas, um caminho de harmonização interior com o Universo. Todos nós temos acesso a essa energia. Utilizá-la é nosso direito inato, um presente poderoso, uma oportunidade para o iniciado crescer e transformar-se. Reiki é uma energia de paz e de libertação, com o qual o Criador abençoa o Planeta. É uma terapia que ajuda a deter a violência e tendências autodestrutivas; um poderoso antídoto contra o cigarro, o alcoolismo e as drogas que degeneram a humanidade. No Japão, onde nasceu o método Reiki, a técnica se denomina Reiki-Do (Caminho da Energia Universal).

Para os japoneses, cada Reikiano traça o seu próprio caminho, desenvolve a sua própria maneira de lidar com essa energia maravilhosa de Amor Universal, de acordo com suas particularidades e as suas crenças. Não existe um Reikiano igual a outro, e o trabalho de muitos pode se completar como uma verdadeira simbiose. Sigo o Reiki num caminho mais voltado para a parte filosófica e como ferramenta de crescimento espiritual.

Percebo que Adriana segue esse interessante caminho de forma similar; um caminho voltado à sua experiência pessoal. Certa vez, o cientista inglês Isaac Newton disse: "Se eu vi mais longe, foi por estar de pé sobre ombros de gigantes". Vejo Adriana como uma das "gigantes" do Reiki. Quando existir no Reiki mestres esclarecidos que promovam iniciativas capazes de ajudar a entender e a ensinar a verdadeira filosofia dos Cinco Princípios do Reiki, então nosso método passará do simbolismo à realidade. Os novos Reikianos encontrarão a "iniciação verdadeira" e construiremos, efetivamente, um método de Suprema Sabedoria Humana. Por acompanhar sua Jornada, não tenho dúvidas de que a obra *Pedras de Luz – Oráculo dos Orixás* será de grande valia para orientar a humanidade. Um livro canalizado sobre um Oráculo inédito, baseado nas características de 16 Orixás. São 16 pedras diferentes e mais uma Pedra Fundamental, que é o cristal gerador. A combinação das pedras possibilita à leitura dos momentos de sua vida e traz orientação para que sejam escolhidos os seus melhores caminhos.

Adriana, que Deus lhe conceda uma longa vida, para que possa seguir nessa nobre missão da divulgação do Amor Incondicional.

Luzes no coração de todos que terão acesso a este livro.

Prof. (MSc.) Johnny De' Carli

Anexo I

Tabela de Referência para a Leitura do Oráculo

ORIXÁS	REFERÊNCIA	PALAVRA-CHAVE	LEITURA
Exu	Mensageiro entre os homens e Deus	Concretização	Comunicação; rapidez na resolução de problemas; boas notícias; coragem; conquistas de bens materiais.
Ogum	Guerreiro Protetor	Poder	Livre-arbítrio; vencera qualquer batalha; destino; direções da vida.
Oxossi	Deus da caça	Mudança	Cultivo de verdadeiros desejos e sonhos; progresso; sucesso; sorte; estabilidade; mudança de interesse.
Xangô	Aquele que possui o poder	Justiça	Alcance de objetivos; perseverança; igualdade de condições; planejamento; visão do futuro.
Iansã	A tempestade	Transformação	Versatilidade; rapidez; tempestade num copo d'água; dificuldades passageiras.
Oxum	A Riqueza	Fertilidade	Harmonia, amor, virtudes; autoconhecimento, sensibilidade para o mundo espiritual, sentimentos verdadeiros.

ORIXÁS	REFERÊNCIA	PALAVRA-CHAVE	LEITURA
Obá	Rainha, a Feminista	Sacrifício	Contratempos; conflito; desarmonia; influências maléficas.
Logun-Edé	Príncipe Guerreiro	Escolha	Raciocínio lógico; dinheiro; fartura; bens materiais; multiplicação dos lucros.
Iemanjá	Deusa da Criação	Renovação	Renovação; determinação; algo sendo gerado; busca de equilíbrio.
Nanã	A mais sábia	Sabedoria	Fraternidade; generosidade; sorte nas relações emocionais; felicidade que depende do passado.
Obaluaiê	A passagem	Saúde	Transformações são bem-vindas; libertação do que é angustiante e faz sofredor; ruptura, separação; cortes bruscos; preocupações.
Ossaim	Deus das ervas medicinais	Cura	Planta-se para colher; ação feita, reação colhida; renovação; resultado daquilo em que se acredita; cura.
Oxumarê	Deus da chuva e do arco-íris	Movimento	Reconhecimento de algo; sonhos, honrarias e desejos; determinação; intuição; preocupação; confusão emocional.

ORIXÁS	REFERÊNCIA	PALAVRA-CHAVE	LEITURA
Ewá	Palavra Firme	Equilíbrio	Facilidade de adaptação, sensibilidade, honrarias, desejos, medo do futuro, confusão emocional.
Oxalá	A Paz, A Luz	Paz	Representa a vida, a paz; sucesso, otimismo; plenitude; clareza, luz; prosperidade; sabedoria; inteligência.
Ibeji	Nascimento	Harmonia	Alegria, boas energias; simplicidade; sinceridade; jogo de cintura; imaturidade, atitudes impensadas.
Pedra Fundamental	Pedra Base	Força	Esta é a pedra de luz, onde será depositada toda a boa energia das orações.

Anexo II

Orações

A oração é o mais forte estímulo
de que a alma pode dispor para plenificar-se.

Joanna de Ângelis

A súplica é um pedido dirigido a Deus. A palavra oração significa interação da Terra com os Céus.

O ato de orar deve acontecer de maneira simples e vir do fundo do coração.

Dedique uns minutos antes de abrir a mesa com as Pedras de Luz para uma oração efetiva e verdadeira.

A Grande Invocação (Alice Bailey)

Oração do Terceiro Milênio
do ponto de Luz da mente de Deus
que flua Luz nas mentes dos homens.

Que a Luz desça à Terra.

Do ponto de amor do coração de Deus,
que flua amor no coração dos homens.

Que Cristo retorne à Terra.

Do centro, onde a Vontade de Deus é conhecida,
que o propósito guie as pequenas vontades dos homens.

Propósito que o Mestre conhece e serve.

Do centro do que chamamos a raça dos homens,
que se realize o plano de Amor e de Luz,
e sele a porta onde se encontra o mal.

Que a Luz, o Amor e o Poder
Reestabeleçam o Plano da Terra.

Que assim seja!

Oração dos Quatros Elementos (adaptada)

Faço meus apelos nesta oração, com muita fé e amor, a todos os benditos seres de luz.

Peço com toda a força do meu coração aos nossos queridos Orixás, que a energia poderosa da natureza, representada pelos quatro elementos (Fogo, Água, Ar e Terra), tome conta de minha casa, do meu trabalho, do meu corpo, da minha mente.

Cubram-nos com grande proteção e nos abençoem.

Que o Fogo seja a demonstração viva do amor, da união, do calor humano e da harmonia que deve nos ligar por toda a nossa existência.

Que a Água, fonte cristalina de bênçãos, lave e limpe nossa vida e livre-nos de toda carga negativa que possa interferir em nosso comportamento e em nossas atitudes, para conosco e com nossos semelhantes.

Que o Ar nos traga o sopro mágico da vida e renove a cada dia as nossas energias físicas e a nossa saúde.

Que a Terra seja o nosso símbolo de prosperidade, renovando-se sempre, para que possamos semear e colher todos os seus frutos benditos, para nossa tranquila sobrevivência.

Amém!

Pai Nosso (traduzido direto do Aramaico)

Pai-Mãe, respiração da Vida, Fonte do som,
Ação sem palavras, Criador do Cosmo!

Faça sua Luz brilhar dentro de nós,
entre nós e fora de nós, para que possamos torná-la útil.

Ajude-nos a seguir nosso caminho,
respirando apenas o sentimento que emana do Senhor.

Que nosso eu, no mesmo passo, possa estar com o Seu,
para que caminhemos como reis e rainhas
com todas as outras criaturas.

Que o Seu e o nosso desejo sejam um só, em toda a Luz,
assim como em todas as formas, e em toda existência
individual, assim como em todas as comunidades.

Faça-nos sentir a alma da Terra dentro de nós,
pois assim sentiremos a Sabedoria que existe em tudo.

Não permita que a superficialidade e a aparência
das coisas do mundo nos iludam, e nos liberte
de tudo aquilo que impede nosso crescimento.

Não nos deixe sermos tomados pelo esquecimento
de que o Senhor é o Poder e a Glória do mundo,
a Canção que se renova de tempos em tempos
e que a tudo embeleza.

Possa o Seu amor ser o solo onde crescem nossas ações.

Que assim seja!

Prece de Cáritas

Deus, nosso Pai, que tendes poder e bondade,
dai força àquele que passa pela provação,
dai luz àquele que procura a verdade,
ponde no coração do homem a compaixão e a caridade.

Deus, dai ao viajor a estrela guia, ao aflito a consolação,
ao doente o repouso. Pai, dai ao culpado o arrependimento,
ao Espírito a verdade, à criança o guia, ao órfão o pai.

Senhor! Que vossa bondade se estenda sobre tudo que
criastes. Piedade, Senhor, para aqueles que vos não
conhecem, esperança para aqueles que sofrem.

Que a vossa bondade permita aos espíritos consoladores
derramarem por toda parte a paz, a esperança e a fé.

Deus, um raio, uma faísca do vosso amor pode abrasar
a Terra; deixai-nos beber na fonte dessa bondade fecunda
e infinita, e todas as lágrimas secarão,
todas as dores acalmarão.

Um só coração, um só pensamento subirá até vós,
como um grito de reconhecimento e de amor.

Como Moisés sobre a montanha, nós vos esperamos
com os braços abertos, ó, bondade; ó, beleza; ó, perfeição
queremos de algum modo alcançar a vossa misericórdia.

Deus, dai-nos a força de ajudar o progresso,
a fim de subirmos até vós, dai-nos a caridade pura,
dai-nos a fé e a razão; dai-nos a simplicidade
que fará de nossas almas o espelho onde se refletirá
a vossa santíssima imagem.

Assim é, e assim será!

A cada dia me realizo ao descortinar histórias de vidas incríveis que passam por *Pedras de Luz – Oráculo dos Orixás*.

E me convenço de que o amor incondicional é fruto das mais sábias leituras deste enorme espetáculo que é a vida.

Adriana Christo

Referência Bibliográficas

BUONFIGLIO, Mônica; *Orixás*; Editora Oficina Cultural Esotérica; 1995.

CUNNINGHAM, Scott; *Introdução às Artes Divinatórias - Leitura do Passado, Presente e Futuro*; Madras Editora; 2018.

DE' CARLI, Johnny; *Reiki Apostilas Oficiais*; Editora Isis; 2013.

KARDEC, Allan; *O Livro dos Espíritos*; Editora IDE; 2008.

MANTOVANI, André; *Tarô Cigano*; Editora Isis; 2015.

PENTEADO, Flávio; *Umbanda uma Religião sem Fronteiras*; Editora Nova Senda; 2015.

PINHEIRO, Iara C.; *Magia e Maestria dos Ciganos do Oriente*; Madras Editora; 2002.

PRANDI, Reginaldo; *Mitologia dos Orixás*; Companhia das Letras; 2001.

TRIANA, Bárbara; *Conheça seu Orixá*; Editora Eco; 3ª edição.

TRINDADE, Diamantino Fernandes; LINARES, Ronaldo Antônio; COSTA, Wagner Veneziani Costa; *Os Orixás na Umbanda e no Candomblé*; Madras Editora; 2010.

VERGER, Pierre Fatumbi; *Orixás - Deuses Iorubás Na África e no Novo Mundo*; EDITORA Corrupio; 2013.

ZANELI, Ana; *A Poética dos Deuses*; Câmara Brasileira de Jovens Escritores; 2005.

Impresso por :

gráfica e editora

Tel.:11 2769-9056